上任第一年

小团队管理全攻略

林国峰◎著

SPM
南方出版传媒
广东经济出版社
—广州—

图书在版编目（CIP）数据

上任第一年 ：小团队管理全攻略 / 林国峰著. —广州：广东经济出版社，2020. 1
ISBN 978-7-5454-6946-2

Ⅰ. ①上… Ⅱ. ①林… Ⅲ. ①企业领导学 Ⅳ. ①F272. 91

中国版本图书馆CIP数据核字（2019）第239440号

出 版 人：李　鹏
责任编辑：蒋先润
责任技编：陆俊帆

上任第一年：小团队管理全攻略
Shangren Diyinian： Xiaotuandui Guanli Quangonglüe

出版发行	广东经济出版社（广州市环市东路水荫路11号11—12楼）
经销	全国新华书店
印刷	广东海洋印刷有限公司
	（佛山市南海区里水镇和桂工业园A区和安南路1号F栋1-2楼）
开本	730毫米×1020毫米 1/16
印张	14.75
字数	167千字
版次	2020年1月第1版
印次	2020年1月第1次
书号	ISBN 978-7-5454-6946-2
定价	45.00元

广东经济出版社网址：**http://www.gebook.com**　微博：**http://e.weibo.com/gebook**
图书营销中心地址：广州市环市东路水荫路 11 号 11 楼
电话：（020）87393830　邮政编码：510075
如发现印装质量问题，影响阅读，请与承印厂联系调换
广东经济出版社常年法律顾问：胡志海律师

前言

PREFACE

亚马逊创始人贝佐斯曾首创“两个比萨”原则：如果两个比萨都喂不饱一支团队，就说明这个团队过于庞大。著名电商企业阿里巴巴，也力促组织变得更小、更灵活。这些优秀的企业，似乎掀起了一股“小团队”的热潮，使市场上小团队数量日益增长，对团队管理者的需求也应运而生。当然，小团队的增长主要得益于社会和经济的飞速发展。

小团队数量不断增长，带来的既是机遇也是挑战，因为大多数刚上任的主管都没有经验，不会用人。对于这些新上任的管理者而言，当上团队的主管是件可喜可贺的事情，但并不是所有人都能在短时间内适应这种角色的变化。因此，喜悦过后剩下的是管理工作带来的问题和压力。

新上任的主管会面临着各种问题：

“如何清楚地定义自己的角色？”

“主管意味着什么？”

“没有管理经验，如何解决问题、轻松转型？”

“面对上级要如何做？”

“如何提高下属的积极性和热情？”

“怎么样才能算得上一名优秀的主管？”

……

这些问题困扰的不只是新上任的主管，很多上任多年的主管也一直在摸索这些问题的解决方式。如何解决问题？这正是本书的写作意图。

本书将从角色定位、成功转型、团队管理、员工管理、上级沟通和自我管理六个方面，对新上任的管理者经常会遇到的管理问题和困惑，提供有效且实用的建议和方法。

第1章，明确成为一名主管意味着什么，详细阐述了主管的角色定位。

第2章，具体阐述了新主管在上任第一年可以利用哪些资源和方式来帮助自己成功转型，轻松驾驭新角色。

第3章，明确了何为团队管理，并提供了促进团队协作和提高团队士气的方法。

第4章，介绍了如何提高下属的积极性，让他们自发行动起来。

第5章，向上沟通，说明了要如何处理与上级之间的关系，以获得更多的支持和资源。

第6章，自我管理，介绍了主管要想带好团队，需要对自己做哪些改变和提升，以扩大自己的影响力。

如果你是一名新上任的主管，或者是自己创业刚当上老板，如果你也遇到以上类似的难题，那么本书将给你一个完美的答案。衷心希望通过阅读本书，新上任主管能解决在用人方面存在的问题，并从本书中找到带好团队、提升业绩的秘诀！

目录

CONTENTS

第 1 章

角色定位：成为一名主管意味着什么

何谓主管，成为一名主管要做哪些工作，需要担负哪些责任？这些都是新上任的主管要解决的关键问题。只有知道自己“是谁”、要干什么，主管才能更好地尽自己的责任和义务，带好团队。

01 通过下属，实现团队经营目标

美国麻省理工学院教授摩文经调查发现，大多数成功的领导都有一个共同点：**他们会极力限定自己的工作范围**。这恰恰是很多新上任的主管无法意识到的一点。大多数新上任的主管，还是秉承“新官上任三把火”的理念，决心在新的岗位凭借自己的个人能力去实现团队目标。事实表明，一个成功的主管一定能够最大限度地开发下属的能力，通过下属来实现团队的经营目标。

我曾经遇到过一个5个人的小团队。这5名员工中，有一名员工表现特别优秀，晋升到了主管的位置。俗话说“新官上任三把火”，新上任的主管在新的位置上，更加卖力地工作。团队大大小小的事情，他都要亲自过问，把关每一个细节。

有人一定会说，这是一件很棒的事情。领导应该都喜欢这样有干劲儿的员工，员工也会喜欢这样负责任的主管。但是仔细想想，真的是这样吗？如果主管还是像员工一样去工作，那主管这个身份的意义是什么？当你成为一名主管时，你需要带着这个问题出发，去适应自己的新角色，找到自己存在的意义。

对于新上任的主管而言，想要证明自己并没有错。只是从员工到主管，角色变了，努力的方向也应该改变。员工的方向是“为业务工作而努力”，而主管的方向则是“为管理工作而努力”。这是一种工作方向的转变，更是一种思维的转变。

举一个简单的例子。某销售团队有5名员工，公司要求该团队每个月要完成20万元的销售业绩。如果你是主管会怎么做?

一般来说，新上任的主管会选择以下两种方式：

第一种：主管自己完成10万元的销售额，下属平均每人完成2万元的销售额。

第二种：主管自己完成5万元的销售额，下属平均每人完成3万元的销售额。

第一种方式，新上任的主管为了在上级和下属面前好好表现自己，一个人承担了一半的销售额，远远超出员工的任务量。

第二种方式，相对于第一种而言，主管已经具备一定的管理意识，但是并没有充分尽到做主管的责任——下属的能力没有得到充分发挥。

也就是说无论是选择以上哪种方式，都不算一名合格的主管。**这两种任务分配方式的思维，还停留在员工思维。**

员工的工作主要是完成日常的实际工作和业务操作，这些都是程序化的工作任务。而作为管理者，需要做的是劳心费神地思考，团队的任务要分配给谁来做，谁有能力做好，并且需要监督他们完成任务，确保最终能达到团队目标。

在上述举例中，真正优秀的主管，应该通过团队成员完成20万元的团队目标。

为了更明确地看出员工思维跟主管思维之间的差别，请看表1–1。

表 1-1　员工思维跟主管思维对比

员工思维	主管思维
完成主管分配的任务	给下属分配任务
完成具体业务	让下属完成业务
执行计划并实现个人目标	制订计划并促进团队目标的实现
负责接受指令	有效传递指令，关注过程，并及时反馈
今天心情不好，工作差不多就行	团队很重要，不能拖团队的后腿
我做得很好，没有错	我需要深刻反思，员工为什么会出现这种问题
大家的任务都没有完成，我没有完成很正常	是不是计划有问题？还是流程出现了问题……
我这个月能不能拿到绩效奖金	这个月能不能实现团队目标

员工思维关注的始终是自己，考虑的是自己的个人目标是否能实现；而主管思维，关注的是团队的每一个员工，考虑的是要如何安排工作、指导他们，才能实现目标。

一名主管的必备技能之一是学会“利用”你的下属。

⊙尽快转变角色，时刻提醒自己“我现在是一名主管”。

⊙你是指挥官，要负责指挥，不要冲在前线。

⊙建立关系网，让他们乐意听从你的安排。

⊙把合适的任务交给合适的人去完成。

⊙监督并帮助他们完成目标。

恭喜你晋升为一名主管，这是一件值得开心的事情。但是，你现在要做的不只是开心庆祝，还要考虑“如何才能坐稳现在的位置”。

Tips:

不要只是关注你拥有哪些权力和特权，要思考如何利用手中的权力和特权来实现团队目标！

02 做好上级和下属之间的“桥梁”

优秀的主管对待工作讲究技巧和策略，对待上级和下属有一套做人做事的方法和原则。对他们而言，不仅要通过下属实现团队目标，更要做好上级和下属之间的“桥梁”，准确传达信息、反馈意见，让公司经营能够顺利进行。而不具备主管思维的主管，工作没少做，反而得不到上级和下属的理解和支持，其中最主要的原因是没有做好“桥梁”。

优秀的主管一定是上级和下属之间的“桥梁”，而不是密不透风的“围墙”。

不少新上任的主管会抱怨：“上不讨好，下不讨巧。”主管的身份不但没有让他们开心，反而让他们忧心忡忡。

我在给一家公司做内训的时候，遇到过一个新上任的主管。培训结束后，他私下找到我，询问了一些问题。那时候他才刚上任不到一个月，已经感觉疲惫不堪，怀疑自己是否能够胜任管理的工作。

刚上任他就遇到了一个很棘手的问题。当时上级布置了一项任务——跟公司的一个关键客户洽谈合作方案。他把该任务交给了一个能力不错的下属去执行。他跟踪了两次任务进度情况，员工却反问：“您是不是不信任我？”为了让员工安心，他索性放手让员工去做。没想到，到了约定的洽谈日期，该员工却没能按时提交方案，导致洽谈工作陷入困境。他只好如实向上级汇报情况，希望上级能够帮助解决问题。上级知道后，大为光火："你怎么连这点小事都办不好？！"而在员工看来，他的如实汇报就是打小报告，不想担责任。对此，他觉得非常委屈：明明自己都在为他们考虑，为什么上级和下属都不满意呢？

他开始反思："是不是不应该向上级反馈问题？上级布置的任务是不是应该自己承担一半或者全部承担？"这是这名新上任的主管在遇到职场"危机"的时候思考的问题。显然，这些想法都是不对的。他漠视了最重要的问题：如何有效传递和反馈信息，做好上级和下属之间的"桥梁"。

大多数主管烦恼的问题无非有两种。

第一种是员工工作出现重大问题，无法得到及时解决的时候，主管不知道该如何向上级反馈。他们的顾虑是，如果如实向上级汇报，员工很可能会认为主管是在打小报告，故意把事情弄大。员工甚至会因此记恨主管，导致上下级关系破裂，工作难以顺利进行。但如果不如实汇报，问题得不到解决，工作同样难以推进。

第二种是当主管接到上级的消息或任务，尤其是坏消息和重大任务时，他们不知道如何向下属传递。如果传递的方式或时机不对，员工很可能认为主管是故意为难他们，认为也许上级并没有安排这么艰巨的任务。

那么，如何做好上级和下属之间的"桥梁"？

（1）清楚上级和下属对主管的期望

为什么你不能得到上级和下属的支持和肯定？因为你不知道对

方希望你做什么。当你做了他们期望的事情，那么主管就不再是一个处于中间的尴尬职位，而是承上启下、不可或缺的关键职位。

上级的期望

· 理解自己的期望，能准确传递给下属员工，并能就此与下属员工做好沟通；
· 监督下属员工任务的进行，督导他们完成工作；
· 及时发现问题，并控制问题；
· 遵守公司制度，保证纪律；
· 让下属员工做最适合他们的工作；
· 作为主管，清楚团队整体工作情况；
· 作为主管，为团队内部发生的所有事情承担责任。

下属的期望

· 能够明确传递工作任务内容和要求；
· 在工作上提供帮助；
· 能够指出自己的缺点，也要表扬和赞美自己的优点；
· 为自己争取福利；
· 倾听自己内心的声音，善于接纳合理的建议；
· 遵守承诺。

图 1-1　上级的期望和下属的期望对比

（2）传递上级的任务，并参与到这件事情中

主管不是一个简单的传话人。所以不要将上级交给你的任务交代给下属后，就放任不管。如果这样做的话，你的员工可能会把你当成上级的传话筒，只是负责传话而已。为了避免这种情况发生，影响自己的管理工作，你要在传递任务的同时积极参与到执行计划的制订以及执行过程的监督、辅助等工作中。

一旦你参与进来，员工会认为你和他们是“一条绳上的蚂蚱”，进而对你产生更强烈的信赖感，任务执行也会变得顺利且高效。而这一切不仅是上级对你的期望，也是下属对你的期望。

所以，在任务执行层面，作为“桥梁”的团队管理者最重要的工作不是“立即执行”，而是准确理解上级的任务目标和要求，然后明确传递给下属，同时参与到任务执行过程中，为任务的顺利推进提供帮助。

（3）要制度化，也要人性化

大多数新上任的主管，最大的问题就是不懂得灵活变通。无论发生什么事情，他们只会依照制度办事。依照制度办事并没有错，因为制度是企业管理的基石。但是，如果只有制度，没有人性，就会缺少一些温暖，而这一点正是许多员工非常看重和需要的。

所以，在制度化的管理下，也需要人性化地对待你的员工。例如，关心员工的情绪状态和生活上的问题等。让你的员工知道，你不是上级派来监视他们的人，而是帮助他们解决问题、实现目标的人。

（4）用描述性语言向上级反馈问题

当你发现团队出现问题的时候，不要立即跑到上级面前去说“某某员工，把资料复印错了”“某某员工把团队精心策划的报告弄丢了”，这样的你不是在反馈问题，更像是在向你的上级打下属的小报告。

相对于用结果性语言向上级汇报来说，使用描述性语言可以有效避免出现打小报告的误会。例如，“某天，员工XX约了公司的关键客户XX见面，洽谈合作事宜。但是他在复印资料的时候出现了失误，客户对此很生气……”这样一来，上级可以客观地了解事情的来龙去脉，进而更好地提供解决问题的办法。同时，员工也不会认为你只是在打小报告、推卸责任。

成为主管，意味着你不再是单独的个体，你要成为上级的得力干将，带领下属完成经营目标；也要做好下属的“大家长”，帮助他们解决困难，为他们争取更多的资源和福利。

Tips：

要让你的上级知道你的团队做了什么，更要让你的下属知道公司需要他们做什么。

03 主管负责的是人，不是任务

当主管的第一步是要认识到作为管理者不同于个人贡献者。个人贡献者，只要完成既定的任务即可，而管理者主要负责的是人，不是既定的任务。

很多新上任的主管，一时间很难将员工思维转换成管理者思维。在实际的管理工作中，他们仍会以“任务”为核心，忽略对“人”的管理。

我曾经遇到一位刚上任的主管。聊天的时候，该主管跟我抱怨说：“之前我很期待这个岗位，对成为管理者充满信心。但是上任一段时间后，我感觉很迷茫。我每天在办公室不敢太悠闲，怕员工认为我什么事都不干，只会说大话。而且老板升我为主管，也是为了让我完成任务。所以，无论什么事情我都亲力亲为。”

这名主管面对的问题相信也困扰着大多数新上任的主管。作为一名主管到底是该悠闲地坐在办公室指挥下属干活还是应该凡事亲力亲为？正确的答案是：两者都不是。主管既不应该当“甩手掌柜”，也不应该“冲锋陷阵”。主管负责的是人，要思考的是**如何运用下属的才干，实现团队效益的最大化。**

新上任的主管必须清楚地知道负责“任务”跟负责“人”之间的距离。

负责“任务”，说明你依旧停留在员工层面。

员工层面关注的焦点始终是任务。对员工而言，他们需要清楚地知道，自己能完成多少任务，完成这些任务能拿到多少钱。他们更在乎的是个人利益，而非团队利益。

负责“人”，才是主管跟员工最大的不同。

一名合格的主管要始终把团队利益放在首位，主管的价值永远建立在团队整体的价值之上。所以，主管要把焦点放在团队成员身上。既要知人善任，激发每个人的潜能，又要及时提供支持和帮助。在提升团队整体利益的同时，帮助员工实现个人利益，进而实现个人和团队的双赢。

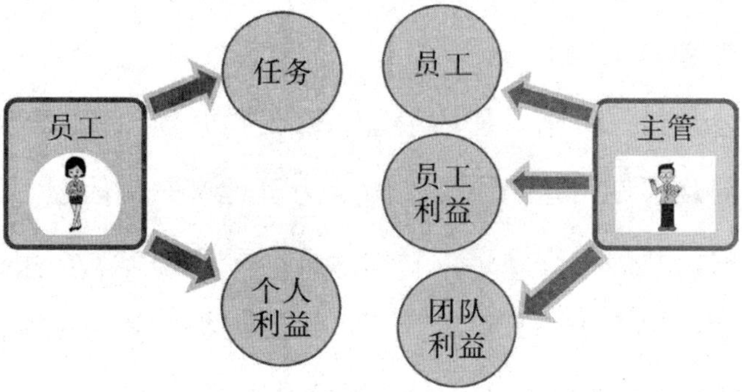

图 1-2　员工责任和主管责任对比

要缩短从负责“任务”到负责“人”之间的距离，成为一名真正意义上的主管，要求新上任的主管做到以下两点转变。

（1）从自己解决问题转变为教会员工解决问题

很多新上任的主管认为，管理员工就是帮助员工解决问题，完成上级安排的任务。于是在员工遇到困难的时候，他们会说，“没关系，我来”“我可以帮你做这件事”“放心地把这件事交给我吧”……这时候主管似乎成了员工的助手。这种管理方式会出现角色本末倒置的现象，显然是行不通的。

要成为真正的主管，就要把核心点放在“人”的身上，即不要什么问题都自己包揽，替员工解决，达到完成任务的目的，而是要教会员工解决问题的方法，让员工获得成长，拥有自主解决问题的能力。作为新上任的主管一定要知道，“授人以鱼不如授人以渔”。

如果你能做到这一点，说明你已经在开始关注“人”，而不是“任务”。

（2）从只关注员工完成的结果转变成关注执行任务的人，以及执行任务的过程

负责“任务”的主管关注的是员工完成任务的最终结果。在实际管理工作中，他们会因为完成了任务而表扬员工，更会因为没有完成任务而批评甚至惩罚员工。在他们看来，这就是对员工的关注。但是实质上，只有完成任务的时候才能获得表扬，说明主管看重的依然是任务，而不是人。这种不真诚的关注，很难激励员工继续努力。

负责“人”的主管，关注的是执行任务的人和他们执行任务的整个过程。他们会从安排任务的那一刻起就关注整个任务执行的过程。如果员工在执行任务过程中遇到了困难，就为他们提供及时的帮助或者资源。同时，他们也会对员工的阶段性成绩给予及时的肯定，激励他们继续努力。

主管只有关注了“人”以及他们完成任务的整个过程，才能让员工更有动力去完成任务，为团队创造更好的业绩。

对于任何管理者或者企业来说，其终极目的是完成任务、实现目标、获取利润。但是在这个过程中，不能忘记的是，执行任务的是你的员工。要想达成这一目的，请务必将管理的核心放在他们身上！

Tips:

多多关注你的员工，因为执行任务的是他们，为企业创造利益的也是他们。

04 会“偷懒”，让下属去做

很多新上任的主管，刚上任的时候激情四射，面对工作中的任何事情都表现得十分积极。团队中大大小小的事情，他们都会亲力亲为。一旦遇到问题，他们更是第一时间冲在“前线”。然而，他们每天忙得晕头转向，却并没有带领团队创造更高的业绩，也得不到上级的认可。

优秀的管理者不是事事都亲力亲为，当员工的“保姆”，而是会在适当的时候学会“偷懒”，把“舞台”交给员工，将他们打造成精兵强将。简单来说，要想从任务的执行者变成负责“人”的管理者，就要学会无为而治。这正是管理学中著名的“懒乌鸦定律”。

> 树上坐着一只乌鸦，懒洋洋的，什么事情都不干。兔子看到后，非常不解地问：“为什么你可以这么悠闲？我可以像你一样，什么事情都不做吗？”乌鸦回答说：“当然可以啊。”于是兔子便坐在树下休息。这时候，突然从背后跳出来一只狐狸，扑向兔子，并把它吃了。

为什么兔子被吃了，乌鸦却安然无事？因为兔子没有在树上。这个故事想表达的意思是：如果你想什么都不干，你就必须站在比较高的位置。同理，在公司里想要什么事情都不做，你就必须坐在较高的位置上。这里的“什么都不做”，并非好吃懒做，而是要学会“偷懒”，让你的下属去做，培养他们的执行能力。

新上任的主管，如何学会当“懒乌鸦”？首先你必须清楚地知道，这里的“懒”指的是什么?

在实际管理工作中，会偷懒的主管大有人在。但是他们的偷懒不是“无为而治”而是“不作为”。

“不作为”就是任何事情都不管，放任下属去完成。至于下属最后能做成什么样，管理者也无法确定。这就好比放风筝，“不作为”就是完全放手任由风筝自由飞翔，最后风筝能够飞多高，往哪个方向飞，我们无法掌控。

图 1-3　不作为的最终结果

“无为而治”则是在把握全局的前提下，让下属去完成任务。这样做，既能给自己留出足够的思考和决策时间，也能够提高下属的能力。同样拿放风筝来作比喻，“无为而治”是让风筝去飞，但线还是握在自己手里。

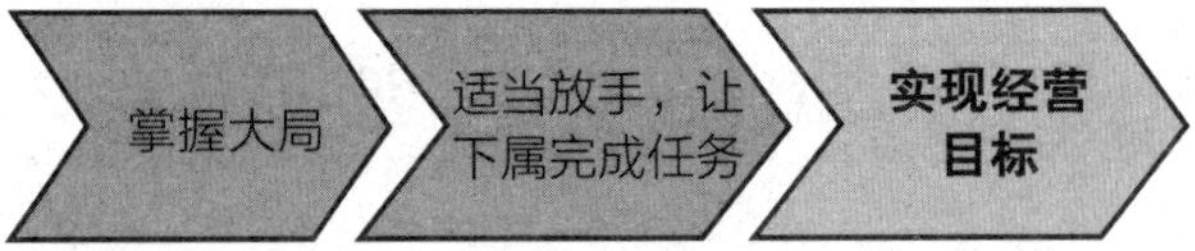

图 1-4　无为而治的最终结果

具体来说，要做到“无为而治”，就要做到以下三点。

（1）有效授权，相信你的下属可以完成任务

要掌控大局、适当放手让下属去执行任务，最好的方式无疑是有效授权。

很多主管之所以不敢放手让下属去做，是因为他们不敢或不愿放权。一方面他们担心放权之后难以掌控下属的工作情况，另一方面他们也担心手中的权力会流失。因此，他们宁愿自己多干一点、多累一点。这样的管理方式，只会让下属变成毕恭毕敬的“机器人”，不仅不能帮助他们成长，还会降低他们的积极性和创造力，最终导致整个团队的绩效下降。

其实，提高团队绩效最好的办法并非死死管住员工，让员工严格按照自己的想法去做，而是要相信员工自己能做正确的事。主管要知道，在某些领域，你的下属也许比你更专业，他们能够找出更好的办法解决问题。所以，你只要有效授权、掌控得力，就可以很恰当地“偷懒”，轻松创造高绩效。

例如，销售部门的员工跟客户谈项目，主管说：“项目差价控制在2000元以内就行，具体价格你根据实际情况来定。”员工会因为获得权力而更有主动性和灵活性地去执行。管理者也可以因为适当授予权力，而变得更加轻松。

有效授权的关键是要相信员工可以做正确的事。但实际上即使获得一点授权，员工在执行过程中也会遇到各种各样的小问题，阻碍工作顺利进行。因此，授权之后，主管还要做到实时跟踪，避免临时救火。

例如，销售主管授予了销售员“2000元以内差价”的价格优惠权力，但是销售员在跟客户洽谈的时候，对方强烈要求“价格优惠2500元，否则免谈”。这个时候，销售员自己不敢拿主意，联系销售主管的时候却怎么都联系不上。最后只得回绝了客户，丢了单。销售主管得知情况后，不得不想办法重新挽回该客户。如果销售主管能够实时跟踪，第一时间帮助销售员解决问题，就不会出现后期投入更大的精力和成本去挽回客户的情况了。

可见，“有效授权”虽然是“偷懒”的好办法，但“偷懒”的同时也要留一只眼保持警惕，随时准备拉回跑偏的风筝。

（2）满足需求，激励员工自发完成任务

主管可以“偷懒”的前提是，员工能够自发完成任务。所以，新上任的主管要懂得，在“偷懒”之前一定要做好激励工作。激励员工的核心在于满足他们的需求。

每个人对工作有不同的需求，有的人是为了生存，有的人是为了成长。因此，满足员工需求的前提是，要深入了解每个人的需求，然后“对症下药”，激励他们自发完成任务。例如，员工希望获得高报酬，那么主管可以制定一个有激励性的薪酬制度；员工希望获得快速的成长，主管就要把“培训”作为首要激励因素。

总之，员工想要什么就给他什么，然后他才会为了实现自己的目标而努力工作，自发完成任务。如果他想要“苹果”你却给他“梨子”，给再多都是没用的。

（3）不要用“主管”这个称呼管人，要用制度管人

很多新上任的主管，在执行管理工作的时候会说，“我是主管，你要听我的”“我是主管，我说不能这样做就不能这样做”……有没有发现，当主管用“称呼”来管理的时候，他们必须事事监管。这样一来，管理者无法“偷懒”，员工也会因为这种无时无刻不在的约束，而无法顺利开展工作。

会“偷懒”的主管不会将自己当成制度，而是会根据团队成员和团队发展情况制定合适的团队管理制度。只要明确团队制度，员工就会受到制度的约束，按照制度标准开展工作，这时候主管就可以“解放”了。

古人云：“不谋全局者，不足以谋一域；不谋万世者，不足以谋一时。”因此，**作为一名主管要想团队获得更大更长久的发展，就要善于思考，把握大局，做好关键性的决策，**而不要在“一域、一时”的琐事上耗费太多精力。

Tips:

真正懂管理的主管，一定是坐在树上，看兔子跑的“懒乌鸦”。

05 放弃旧角色，不要越界去执行任务

一个优秀的演员，在表演的时候会果断放弃自己本身的角色，投入新的人物角色中。同样，一名新上任的主管，也要学会放弃旧角色，不要越界去执行任务。**只有放弃了旧角色，才能开始主管的新身份。**

曾经有个主管跟我说："我有名下属，有段时间因为工作任务比较艰巨，经常加班。有一天下班的时候，我看他一个人在加班，于是走过去跟他说，'我陪你一起吧，这样完成任务比较快'。不知道为什么，他非常果断地拒绝了我。我想不通，我帮他一起完成任务不是一件很好的事情吗？"

听完他的表述后，我回答说："这是一件好事，却不是一件对的事。因为你还是把自己当成员工，越界执行了任务。"

很多新上任的主管都会有这样的行为。他们还是会把员工当成自己的同事，沉浸在自己的旧角色里，陪他们加班，帮助他们完成任务。这样的行为不但不会让员工感激，反而会引起员工的反感，适得其反。

所以，当上主管后，要尽快放弃旧的角色，在主管的职责权限内完成任务。放弃旧角色，换句话说就是要适应主管的新角色，即主管不是执行任务的人，而是顾全大局、为团队做决策，通过下属实现经营目标的人。而这里所谓的"职责权限"是指既要帮助员工解决问题，把员工当成自己的合伙人，也要树立威严，有管理者严

肃的一面，能够有效行使管理者的权力管理好团队，实现团队效益最大化。

图 1-5 主管要建立的边界

因此，**当你成为一名主管，首要任务是跳出自己的旧角色，在主管的职责权限内做好主管的工作。**

（1）建立工作边界：打破员工思维，明晰主管职责

人在某一种角色中待久了，会不自觉将这种角色中的属性带到其他角色中。例如，医生跟家人吃饭的时候会非常关注食物健康，记者跟朋友聊天的时候会在意对方语言的严谨性和逻辑性。同理，主管在“员工”这一角色里待久了，也会具备该角色下的惯性思维，会不自觉地带着“员工”的属性去执行任务。

在旧角色下，他们不但会要求自己亲力亲为完成团队的任务，还会用自己的标准来要求其他员工。你会经常听到他们说，“这样不行，我做给你看”“我跟你说，按照我的方式来操作”“我以前就是这样做的，效果很好”……这样做，不仅给自己带来了巨大的工作量，还会严重干扰团队员工工作。

因此，新上任的主管要做的是突破自己的惯性思维，转变自己的角色，让自己成为一名真正意义上的主管。例如，安排下属去完成的任务，就让下属去做。要记住，你的任务是带领他们完成任务，不是替他们完成任务。

（2）建立情感边界：私下可以是下属的“兄弟”，但工作中你是管理者

不少新上任的主管都害怕下属在背后议论自己，如“以前还是兄弟，当上主管就变了”“当个主管有什么了不起”……为了避免舆论的压力，很多新上任的主管会继续像之前那样跟下属相处，跟他们称兄道弟，帮助他们完成任务。

这样做会导致什么样的结果？他们会仗着你们私下的交情和你给予的帮助，变得更加懒散，没有责任心，甚至会将所有问题都推到你身上。所以说，用旧的角色跟下属相处，帮助下属越界完成任务的方式是一名新上任主管的大忌。

（3）建立思维边界：思考“如何让一家人吃饱”

员工在工作时最常见的思维是“一人吃饱，全家不饿”。但是现在你已经成为主管了，你不仅要管好自己，还要管好你的团队。因此，主管必须转变以前的思维，要思考“如何让一家人吃饱、吃好”，即要想办法带领团队实现经营目标。这样，你才能更快跳出员工角色，快速进入主管角色。

总体来说，员工角色关注的是个人和任务，而主管角色关注的是如何整合资源，给员工创造更多的机会和条件，让他们发挥出更多创造力和潜能。对于新上任的主管来说，胜任主管职位的第一步就是快速进入主管角色，在那之前你先要放弃自己已经习惯的员工角色，不断提醒自己：我现在已经是一名主管了。

Tips:

员工有自己的“圈子”，不要随便跳进去干扰他们。

06 为团队的每一位员工负责

作为一名员工需要对公司负责，对自己负责。而作为一名主管，**除了要对公司和自己负责，还要向下负责，即要为团队的每一位员工负责。**

如何“向下负责”？很多新上任的主管采取的负责方式是包揽下属的错误。

我曾经遇到过这样一名主管。他是一家中型公司的招聘主管，手下有两个招聘专员。在一次招聘信息发布过程中，招聘专员小王由于操作失误，把月薪范围“5000~8000元”写成了“50000~80000元”。直到应聘人员面试时问到薪酬问题，大家才发现招聘信息有误。这件事导致许多应聘者非常不满，认为该公司欺诈，甚至有一些应聘者在网上发布文章公开指责该公司，对该公司的形象产生了极大的负面影响。当上司追责的时候，招聘主管却站出来说：“和小王没有关系，都是我的错，我应该仔细检查几遍的。”

这种做法看上去很感人，其实是最不负责任的行为。真正负责任的主管，应该思考的是，如何弥补公司的损失，如何帮助员工改善行为。你要知道，负责不等于偏袒。

一个负责任的主管不仅会在员工犯错的时候想办法帮助员工认识错误并督促其改进，他们还会对员工的薪酬、绩效结果、成长以

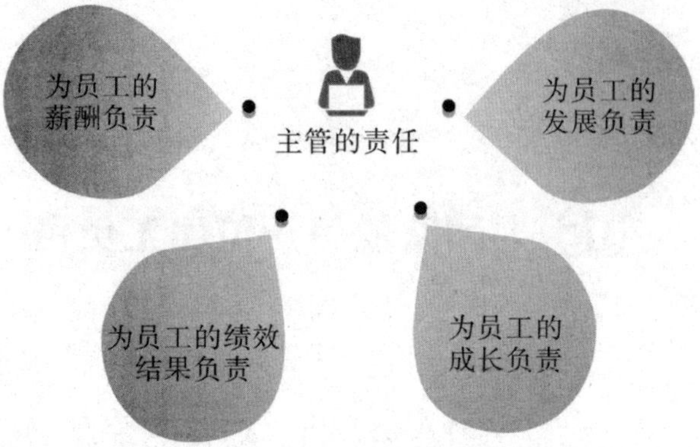

图 1-6　主管的责任

及未来发展负责，因为这些不仅关系到员工当前的生存需求以及未来的发展需求，也关系到整个团队未来的发展。

（1）为员工的薪酬负责

美国著名心理学家马斯洛提出的人类需求层次理论中，生理需求排在第一位。对于员工而言，生理需求最直接的表现就是薪酬需求。员工需要用薪酬支付自己的饮食费用、住宿费用、交通费用等来满足充饥、御寒等生理需求。

但是这一点很容易被主管忽视。很多人认为薪酬是员工自己的事情，想多拿就多干点活。实际上，主管也应该为员工的薪酬负责，因为薪酬需求是员工最基本的需求。而这种需求不仅能满足员工当下的生存需要，还能激励他们不断为团队做出贡献。例如，当一名员工工作成绩表现突出的时候，主管可以向上级申请给该员工加薪。

（2）为员工的绩效结果负责

员工关注的永远是自己的绩效结果和绩效奖金。当你成了一名主管后，你要关注的就不是自己的绩效结果，而是团队每一位员工的绩效结果，并且要为每个人的绩效结果负责。

一般来说，员工绩效结果不佳有两方面原因：一方面是因为员工本身能力问题或者态度问题，另一方面是因为管理者没有给予及时的帮助和支持。所以说，主管也要对员工的绩效结果负责。这种负责更多地体现在主管对员工工作过程和具体行为的关注，比如，一些销售团队采取的“早晚会：早计划，晚总结”就是对团队成员销售过程和行为的关注，有利于及时发现和解决问题，帮助员工获得有效的绩效结果。

（3）为员工的成长负责

只有员工成长，团队和企业才能不断发展壮大，企业才能获得更多的收益。因此，员工成长不仅是员工自身的追求，也是管理者的责任。

例如，主管可以根据员工个人规划，以及企业发展方向，同员工一起探讨，帮助员工制订个人成长计划。制订成长计划后，还要多关注员工的工作，及时为员工提供帮助，以实现成长计划。

（4）为员工的发展负责

很多管理者在面试新员工的时候，会提出这样的问题：你以后的发展方向是什么？对于员工而言，除了薪酬和个人的成长，明确的职业发展方向同样很重要。

因此，主管要根据公司目前的发展情况，帮助员工制订短期和长期的职业发展规划。只有给员工更多的机会和期望，员工才会为团队奉献更多的价值。

优秀的主管不会把员工当成完成任务的“工具”，而是把自己当成为员工做嫁衣的“裁缝”。他们会关注员工的需求，会为员工的业绩、成长和发展承担责任。对于他们而言，员工的价值就是团队的价值，团队的价值就是主管的价值。因此，为团队的每一位员工负责，帮助他们实现自我价值是优秀主管的首要责任。

Tips:

真心实意地为团队的员工负责，而不是为了耍酷说，“责任在我，我辞职”。

第 2 章

成功转型：轻松驾驭新角色

作为新主管，你对自己的角色已经有了明确的认识，接下来要思考的是：如何成功转型并驾驭这个新角色？为此，你必须清楚知道自己可以利用哪些资源，积累学习哪些知识和技能以帮助自己成功转型。

01 充分利用员工时期积累的三大资源

在第1章我们提到，从员工身份转变为主管身份要转变思维、心态、职责认知……这些都属于心理层面，是一种意识上的转变。除了意识上的转变，新上任的主管还要通过哪些方式来实现轻松驾驭新角色?

面对这一问题，很多新上任的主管非常茫然。他们认为自己没有管理经验，一时间很难准确地回答这个问题。任何经验都需要长期积累，新上任的主管虽然没有管理经验，但是他们精通业务，有丰富的工作经验、融洽的人际关系，对工作中的事情有较高的判断力。这些经验完全可以用来应对上任第一年遇到的诸多问题，以推动自己实现成功转型。

新上任的主管，可以利用员工时期积累的三大资源轻松驾驭新角色。

（1）专业的知识和技能

新上任的主管在之前的工作中会积累很多专业知识和技能。比如，一个写代码的程序员在工作中有写“技术博客”的习惯，把工作中遇到的问题及解决方案都一一记录下来。这个“技术博客”就是他的宝贵资源，也会为他晋升到主管职位而打下基础。当他成为一名主管之后，可能不需要再像以前那样每天默默地写代码，但是他的下属却像他以前那样工作，当然也会遇到他曾经遇到过的问题，这时候，他的“技术博客”就派上用场了。他可以通过查询“技术博客”及时有效地帮助下属解决问题，从而获得下属的认可和支持。

当然，并不是每个人都会在工作中养成写“技术博客”的习惯。如果你在之前的工作中没有任何文字、视频或者音频方面的经验总结，建议你走上主管职位的第一件事就是：梳理并总结以往工作中的经验和教训，并以文字、图表，或者音频、视频等可以直接传递的形式保存下来，以便你在管理工作中随时调用。

在你未来的管理工作中，通过自己过去积累的专业知识和技能来帮助下属解决问题，是快速建立自信并赢得下属信任的重要手段。在此基础上，作为新上任的主管，你便会慢慢建立起自己的威信，进而更轻松地驾驭新角色。

（2）融洽的人际关系

如何快速转型？最好的办法无疑是获得身边人的帮助。作为一名刚上任的主管，人际关系大致分为四个方面，见图2-1。

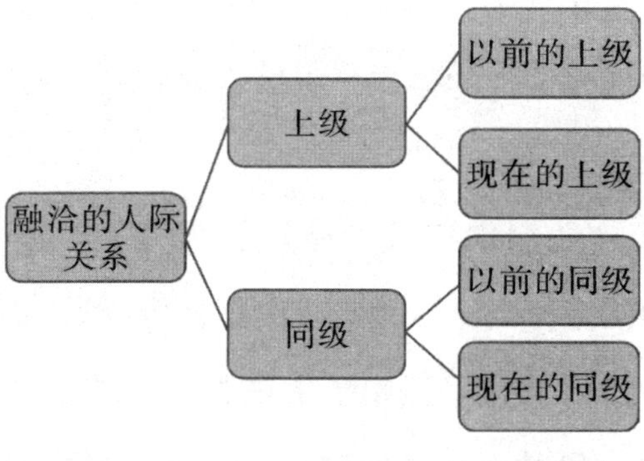

图 2-1　人际关系资源

以前的上级。

我在以前的工作中曾接触过一个刚上任的主管，团队加上他一共6个人。团队虽然小，但却让他整天烦恼缠身，他也因此忙得晕头转向。比如，员工工作没有积极性、整天怨声载道、不听从安排……为了尽快解决这些问题，这名主管不得不求助自己之前的上级。

虽然以前上级的管理方式不一定都是对的，但是他的管理经验绝对比你丰富。所以，这名主管的做法是很可取的。但要注意的是，在求助以前上级的时候，要把自己团队的情况描述清楚。以前上级提供的建议也不能全盘接受，而是要根据自己团队的情况采纳合适的意见和建议。

现在的上级。

很少有新上任的主管会主动求助现在的上级。在他们看来，如果求助现在的上级，会显得自己没有胜任当前职位的能力，担心影响到自己以后的发展。

但是换个角度思考，如果没有其他更好的办法，求助于你现在的上级也是一种选择。因为他是最清楚你的能力以及团队情况的人。所以，新上任的主管不要盲目地将自己现在的上级拉入“黑名单”，而是要把他当成你的盟友，积极、主动地寻求他的帮助。

以前的同级。

以前的同级，他们现在可能还是普通员工，也可能当上了主管。如果以前的同级有当上主管的，你完全可以跟他们聊一聊。

我之前听一个朋友说，他刚当上主管的时候，就给一个也是主管、以前的同事打电话聊天。他这样问对方：“我们团队现在的情况是这样的，要是你，你会怎么做？”“你在管理方面遇到过什么问题，你如何解决的？”虽然对方给出的建议并不一定能采用，但是对方的想法一定会激发你做出进一步的思考，进而帮助自己找到更佳的解决问题的方法。

现在的同级。

现在的同级是指在公司处于同等职位的同事。这些人和你在同一个公司，他们对公司的情况十分了解。因此，在遇到问题时，可以多跟他们沟通交流，了解他们的想法，征询他们的意见。

大多数新上任的主管不愿意求助于自己同公司的同级，尤其是同部门的同级，因为彼此之间存在竞争关系。认为如果求助于他们不一定会得到帮助，而且还容易暴露自己的缺点，影响自己后期的晋升和发展。其实，只要摆正自己的心态，求助于同部门的同级更为妥当，因为他们十分了解部门情况，给出的建议也十分有价值。

（3）员工时期的职业发展培训

除了专业知识和人际关系两大资源，新上任的主管还有一个很宝贵的资源可以利用——员工时期参加的职业发展培训。

大多数主管在之前的工作中，会接触到与职业发展相关的培训。这些培训的内容大致是职业发展方向、职业道德和素质等。从这些培训课程中，新主管可以认识到“如果我是管理者，我会怎么做”“成为一名主管需要具备哪些知识和技能”“成为一名主管要如何为员工负责”“主管应该具备怎样的职业素养”等。一旦新上任的主管开始深入思考这些问题，有明确的职业发展意识，并能够将这些知识运用到实际管理工作中，就一定能帮助其成功转型，轻松驾驭新的角色。

Tips：

不要小看员工时期积累的资源，它们将帮助你解决上任第一年中遇到的诸多问题。

02 参加正规的管理技能培训

大多数新员工在正式入职之前都要接受正规的培训，这是让他们更快适应新环境、新角色的最佳方式。同样，新上任的主管要想快速适应新角色并轻松驾驭新角色，也要参加正规的培训。

有位上任满一年的主管告诉我：我这一年的管理工作能够顺利进行，70%依赖于员工时期积累的专业知识和技能等经验，20%依赖于员工时期的人际资源，而剩下的10%则依赖于正规的管理技能培训。这10%虽然占的比重很小，但是对于新上任的主管而言，是至关重要的。它能够教会你，如何将那另外的90%的经验和资源，运用到实际管理工作中。

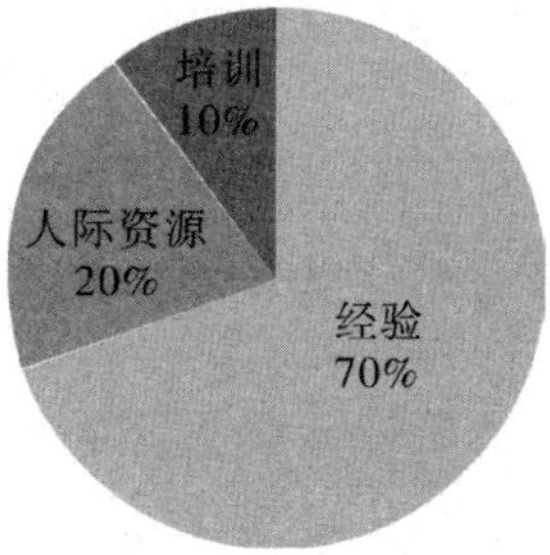

图 2-2　主管上任第一年的三大资源

如何从正规的管理技能培训中获取那10%的关键知识？

（1）参加公司提供的正规培训

现在很多公司对新上任的主管都会提供正规的培训，大部分是强制性的。一般情况下，新上任主管的培训时间为7～15天，培训的主要内容大致分为以下三个层面。

第一个层面：公司层面。

公司层面培训的主要内容是企业文化。企业文化包括企业经营战略、使命、价值观等方面的内容，可以促使新主管对公司的各个方面有一个更全面的了解。

明确企业的战略、使命和价值观，才能明确企业的发展方向。例如，著名电商企业阿里巴巴的企业使命是“让天下没有难做的生意”。正是因为围绕这一使命展开工作，阿里巴巴的规模才越做越大。所以，对于新上任的主管而言，了解企业文化是至关重要的。因为只有明确企业的战略、使命、价值观，主管才能明确管理工作的方向，才能在以后的管理工作中做出更利于企业发展的决策。

第二个层面：团队层面。

深入了解团队，是每一位新上任的主管必须做的准备工作。对团队了解的程度深浅，是决定你能否顺利做好管理工作的主要因素。

新上任的主管以前是以员工的角色参与团队工作。他们虽然能够了解团队的一些事情，但是他们关注的焦点始终在自己身上。从这个视角看待问题显然会比较片面。然而，作为主管要关注的信息更多。因此，要求主管要有全局观，要深入、全面地了解团队的具体情况，以便在管理工作中做出正确的决策。

首先，要明确团队定位。即团队在企业战略中处于什么样的位置，对企业发展的作用是什么。

其次，要清楚地知道团队的核心任务是什么。例如，销售团队的核心任务是积极寻找和发现更多的客户或潜在客户，运用销售技术，将产品销售给客户。

最后，要明确团队人员概况。例如，团队的规模有多大，人员是否足够，是否需要招聘新员工，现有员工有哪些能力等。

明确团队定位、核心任务以及人员概况，能够让主管对团队做到心中有数，也便于主管在接下来的管理工作中制订更加明确的团队目标和计划。

第三个层面：个人技能层面。

要想做一名合格的主管，必须具备相关的管理技能。大部分公司在新主管上任的时候，会有针对性地提供相关技能培训。一般来说，个人技能的相关内容有沟通能力、角色认识、人员管理、时间管理、个人知识管理等。

在公司的培训过程中，主管要着重关注公司层面和团队层面的内容，因为这两方面的内容是管理者做决策的依据，也是团队未来的发展方向。对于个人技能层面，主管不要因为培训内容多而感到压力大，因为后期还可以通过自己的努力提升个人技能。

（2）参加正规的在线培训

随着经济的发展，小微型的公司越来越多。这些公司大都是由10人以下的小团队组成，公司的最高层往往就是团队的主管。也就是说，公司对他们没有硬性的培训要求。但是对他们而言，当好主管就意味着管好整个公司团队，所以显得更加重要。

那么，他们应该如何参加培训以提升自己的管理技能呢？如果聘请专业的培训师，费用会比较高，还很有可能出现效果不理想的情况，结果得不偿失。其实，随着互联网的发展，培训已经不再局限于线下，线上培训也已经比较成熟。

目前，在线培训平台有很多种，如专业性的培训平台、知识共享性平台等。而且知识传播形式也有很多种，如音频、直播、视频等。你可以根据自己的具体需求，选择合适的在线培训平台进行学习。例如，你要提升自己的演讲能力，可以观看TED的演讲视频；或者你想提升自己的时间管理技能，可以通过专业管理技能培训平台搜索时间管理课程，进行系统性学习。

无论是参加线上培训还是线下培训，对于新主管而言都是非常重要的事情。参加新主管培训课程，说明你已经具备成为一名新主管的资格。这对于新主管而言可以算是工作上的一个转折点。因此，要重视培训的每个环节，牢牢记住每个知识点，它们将在未来帮助你更快适应新的角色。

Tips:

要成为合格的主管，你需要掌握更多的知识和信息，而获取这些知识和信息最好的方式是参加正规的培训。

03 掌握主管必备的知识和技能

管理，是通过“管人”达到“理事”的目的的一个过程。具体来说，作为一名团队的主管需要负责两大任务：“业务管理”和“人员管理”。

不少新上任的主管认为，自己在员工时期已经掌握了专业的知识和技能，只要再学会如何管理员工即可。虽然说员工时期积累的专业知识和技能，可以帮助新上任的主管解决一些问题，但那些对一名优秀的主管来说远远不够。

主管应该掌握哪些必备的知识和技能？

一名新上任的主管回答说：“上任之初，我总是用自己的一套方法去帮助下属解决问题，事实表明并没有太大成效。现在我迫切需要掌握业务管理知识和技能，并且要学会员工管理的技巧。否则，我仍然只是一个位置比他们高的‘普通员工’。”

正如这名管理者所说，如果不能掌握“业务管理”和“员工管理”的知识和技能，即便你当上了主管，也只是挂了名的“普通员工”。

（1）业务管理：管理的最终目的是完成业务目标

员工时期的工作内容可能是一个策划方案、一个广告文案、挖掘一个客户等，这些都是特定的任务。成为一名主管后，要负责的

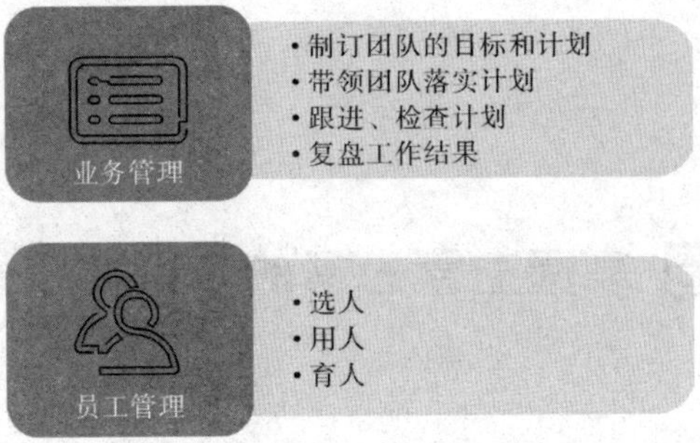

图 2-3 主管必须掌握的两大管理能力

不再是特定的任务，而是要做好业务管理，完成既定的业务目标，为企业创造更多的效益。

何为业务管理？简单来说，就是要制订团队的绩效目标和计划，推进团队发展，负责整个团队的运营工作。

制订团队的目标和计划。

做好业务管理的第一步，一定要清楚团队的目标是什么。只有明确了目标，员工才能自发地行动起来。因此，新上任的主管必须学会如何为团队制订明确的目标和计划。

刘亮是某销售团队的主管。基于对团队的了解，他制订了12月冲刺20万元销售业绩的计划。从10月开始，他就已经着手制订12月战局的策划，并跟团队成员说："当前对我们来说，最为核心的任务就是做好客户积累，我们要在12月冲刺20万元的销售业绩。"

为了能够带领团队创造业绩，刘亮制订了20万元的业绩目标和计划，并且明确了团队的核心任务。在明确的目标和计划的带动下，员工的方向会更加明确，进而更愿意为实现目标而奋斗。对于主管而言，这是最基本的必备技能。

带领团队落实计划。

制订计划不是业务管理工作的关键，业务管理工作的关键是要带领员工落实计划。因此，在制订目标和计划后，主管要主动带领员工执行计划。

在向团队宣布12月的冲刺计划后，刘亮在11月的时候召开了计划启动会议。会议上，刘亮重申了12月冲刺20万元的业绩目标，并且具体要求了团队成员在11月积累新客户需要做哪些工作。为了进一步将工作具体化，刘亮还将客户分成了三类：第一类客户是可以当月签单的；第二类客户是需要两个月签单的；第三类客户是需要培养的潜在客户。12月1日，刘亮召开了正式的计划实施会议，并在现场的横幅上写下了“20万元”，签上了自己的名字，也号召团队员工签上了名字。

制订目标和计划后，刘亮并没有放任不管，而是提前就开始落实计划，带动员工参与到计划中。计划只有得以落实，才能让员工看到希望，并鼓足干劲为实现团队目标而努力。

跟进、检查计划。

员工在执行计划的过程中难免会遇到一些问题，因此，主管还要实时跟进计划执行的过程。

刘亮根据客户的分类也将销售员分成三类，分别对接三类客户。他非常清楚这三类销售员的工作方案和细节，并且将这些数据制成表格，每天都会拿出来分析。一周后，他召开周例会。会议上他跟各个团队进行深入交流，帮助他们解决问题，以展开进一步的工作计划。

落实计划后，刘亮开始跟踪计划的执行，以帮助员工解决问题，确保目标可以顺利达成。实时跟进、检查计划，能够掌握员工的工作情况，也能够及时发现并纠正员工存在的问题，以推动计划顺利进行。对于业务管理工作而言，这也是非常关键的一个环节。

复盘工作结果。

业务管理工作既要重视过程，也要重视结果。因此，计划执行结束后，主管要对工作结果进行复盘。如果达成目标，主管要思考："哪里做得比较好""促成成功的关键因素是什么"……；如果没有达成目标，主管要思考："哪里出现了失误""导致失败的最大原因是什么"……

业务管理是一个系统化的过程。一名优秀的主管从来不会当"甩手掌柜"，他们会制订目标和计划，跟踪计划实行的过程，并且会认真、详细复盘工作结果，以帮助团队解决问题，顺利达成目标。

（2）员工管理：管理的核心是"人"，重点工作是让下属完成任务

我们已经反复提到，主管的角色是通过下属实现经营目标的人。所以，员工管理的核心是让他们完成任务。在这个过程中，并不是简单下命令——“你这个月要完成××万元的业绩”——就能够实现的。让下属完成任务的核心在于选择合适的人去做合适的事。具体来说，员工管理可以分为三个方面：选人、用人、育人。

选人。曾任美国通用电气公司董事长的杰克·韦尔奇曾说过：“我们所能做的一切，就是把赌注压在我们所挑选的人身上。”所以从某种程度上说，人才的选拔关乎企业和团队的存亡。因此，主管在选拔人才的时候一定要谨慎。

一般来说，团队选人要注意两点。

第一点，要选择符合团队需求的人才。例如，团队的核心业务是销售，那么一定要选择一个口才较好、沟通能力较强的员工。

第二点，选择跟团队“气味相投”的人才。例如，团队气氛比较活跃，那么选择一个性格非常内向的人显然不合适。

用人。让对的人做对的事才能发挥出人才的潜能。因此，主管不仅要会选人，更要会用人，即要清楚地知道让谁来完成任务，实现人和任务的高度匹配，才能最大限度地发挥出人的主观能动性和潜力，进而最大限度地完成任务。

育人。即使团队员工能力很强，也只是具备某方面的能力，也会存在短板。因此，对员工的培养，不仅是管理工作的核心，更是团队发展的根基。

世界上著名的咨询公司——麦肯锡公司的管理者会将15%的工作时间用于员工管理，他们会创造机会和找时间跟员工交流、谈心，对员工进行指导或者评价。所以说，管理员工的技能是主管十分重要的工作技能。

当然，主管要掌握的“业务管理”和“员工管理”的知识和技能远不只以上提到的这些。因为市场在变化，团队在变化，对主管知识和技能的要求会越来越多。因此，要求主管掌握以上知识和技能的同时，还要主管自己不断进取，以获得更多的知识和技能。

Tips：

为了配得上你的新身份，你要掌握新的技能！

04 做一个终身学习的承诺，不断积累经验

大多数从基层晋升上来的主管，都具备很强的学习能力。也正是这种能力，让他们能够走上心仪的管理岗位。但是很多新上任的管理者在任职之后，却会慢慢懈怠，不再继续学习。

我曾在一次培训课上询问在场的新主管：你们还在继续学习吗？大部分的答案是否定的。

对于没有继续学习，他们给出的理由无非如图2–4所示的两种：

图 2–4　主管不学习的两个理由

看上去，这两个理由都很有道理。但是实际上，即便已经当上了主管，或者管理工作很辛苦，也要继续保持学习。

你如愿当上了主管，很开心你实现了自己的梦想。但是不能高兴得太早，因为主管不是“铁饭碗”。如果你不继续保持学习，你将无法胜任当前的职位。换句话说，你一定会被比你能力更强的人

取代。任何企业都想要一个能力强的主管，而不是一个只会坐在办公室喝茶的主管。

如果你当上主管之后很忙，说明你工作很努力。但是如果你不花时间来学习的话，你只会越来越忙、越来越累。因为没有足够的知识和技能储备，你必须耗费大量的时间来处理各种各样的问题。这样一来，你的团队必定无法正常运营。

新上任的主管也许有很多不学习的理由。**但是，如果你想要成为一名优秀的主管，就必须给自己一个不得不学习的理由，做一个终身学习的承诺。**

（1）从自己的经验中反思学习

美国著名的领导理论专家沃伦·本尼斯曾说："在个人生命中，'熔炉'或者磨炼将他们塑造成了领导者。"大多数人之所以不能进步，是因为他们在经验或教训前止步了。如果新主管能够从自己的经验中反思，将会学习到很多宝贵的知识和技能。这些知识和技能会让你的管理之路走得更顺畅。

反思学习一般可以采取以下四个步骤。

第一步，回顾做这件事的目的。

第二步，评估结果，即要清楚地知道这件事情的亮点是什么，不足之处是什么。

第三步，分析关键原因。

第四步，得出行动计划。

举个例子。某团队主管为了提升员工的工作效率，制定了薪酬激励机制，但是最终失败了。采取以上方法，该主管的反思过程应该是：

第一步，我做这件事的最初目的是提升员工的工作效率。

第二步，亮点是，薪酬是员工最关注的事情。不足之处是，并没有达到预期目标，员工对此制度的反映并不强烈。

第三步，员工工作效率下降的关键原因是，薪酬激励制度定的目标太高，无法达成。

第四步，调整薪酬激励制度。

经过这样的反思之后，主管可以很清晰地看到经验和教训，不但可以为以后同类的工作提供参考，还能够有效提升自己的管理技能。

（2）向身边的人学习

之前我在做培训的时候，一名主管跟我说："我从来不会关注下属的工作，只有下属有问题的时候，我才会去询问他们的工作。我认为观察别人工作是浪费自己的时间，而且他们的工作能力没有我强，没有可取之处。"而在深入了解之后，我发现这名主管在晋升之后成长得非常慢。

团队是一个人才聚集的地方，一定有员工在某些领域的能力超过管理者。因此，主管不能抱着别人不如自己的心态，而是应该利用自己之前建立的关系网，从他人的工作方式和态度中，间接学习工作经验。这个他人可以是你的下属，也可以是你的上级，同样可以是你的竞争对手。正所谓"三人行必有我师"，只有把身边人都当成自己的老师，你才能获得更快的成长。

（3）制订循序渐进的学习计划

工作中，除了自我反思和向身边的人学习，还有很多学习的方法，如读书、看视频等。这里需要强调的是，学习是一个长期的过程，不是一朝一夕就能够看到效果的。作为一个工作繁忙的主管，要想长期坚持学习，就要为自己制订一个循序渐进的学习计划。

例如，刚开始可以利用空闲的时间看书，了解主管岗位最基本的知识和技能。在基础知识和技能的基础上，可以通过培训课程、网络视频或其他方式深入学习、研究更多的相关知识和技能。

阿里巴巴的创始人马云曾经说过，在这个快速变化的时代，应对变化最好的方式是“以变应万变”。对于新上任的主管而言，这里的“变”就是不断学习新的知识，积累更多的经验，以应对更多的问题，成为更好的自己。

Tips：

已经成为主管，并不意味着拿到“铁饭碗”，除非你不断学习、不断成长。

05 增强自身的影响力

如何衡量一名主管是不是合格？一定是看有多少员工青睐、拥护这名主管。用网络词汇来说，就是要看他拥有多少“粉丝”。如果一名主管在团队里没有“粉丝”，没有影响力，那么，在接下来的管理工作中，他将遇到很多困难。

前几年旅游业发达，某旅行社员工紧缺，尤其是主管岗位更是一才难求。于是公司经理花重金聘请了一位业务能力强、在各方面表现都比较优秀的人当主管。上任一段时间后，这名主管感觉特别吃力，于是向经理提出：“我不想当主管，可不可以只做普通的员工？”

经理笑着说：“第一次听到有人主动降级，说说到底遇到了什么事情？”

主管回答说：“这段时间，不管是平时的工作还是在会议上，几乎没有人回应我。我说什么他们只会点头、沉默。这让我备受打击，我原以为自己能力不差，一定能够带好团队，万万没想到会是这样。”

为什么团队员工不听从新主管的安排？很多新主管把问题的原因归结于自身的业务能力不够。事实上，能不能让员工服从安排、主动参与到团队工作的关键不在于主管的个人业务能力，而在于主管自身的影响力。

（1）与团队员工之间建立信任关系

很多时候员工不认可主管，其实主要是对主管不信任。他们的不信任主要表现在两个方面：**不信任你的能力和不信任你的品质。**

图 2-5　影响员工信任度的两大主要原因

首先，能力是建立信任的重要因素。

员工不愿意服从管理的时候，他们的内心活动很可能是“他凭什么当我的主管”。换句话说，他们不相信你有当主管的能力。这种能力包括处理事情的能力、决策力和判断力等。要改变员工的这种想法，主管就要凭借“真本事”赢得员工的信服，这是最直接有效的办法。

我刚当上主管的时候，团队里有一个员工特别不服气。每次开会安排任务的时候，他都会一直和我抬杠，认为我安排不合理或者任务有问题。每次我都很生气，不等他说完就急于辩驳，想要表达自己的观点，说明自己是对的。这样做的后果就是，团队会议最后变成了我们俩的“战场”。很快，我就听到团队中的其他人也和那个员工一样对我的能力表示质疑。

很显然，我试图用语言征服员工，让他们信服我的做法失败了。在后来的管理工作中，我开始知道，用能力征服员工，获得员工的信任，才是获得影响力最直接最有效的方式。

在一次任务总结会上，团队所有人都没有完成任务。面对这个结果，大家纷纷诉说困难，那个最喜欢跟我抬杠的员工甚至说：“有本事你自己去做啊！”这一次，我并没有跟他争吵，而是回答说：“好！”然后我把所有人的任务都拿到自己手里，并开始着手去做。最后，我用7天的时间完成了他们所有人10天的任务量。在这个结果面前，大家终于闭嘴了。连经常跟我抬杠的那个员工都说：“这次我真服了！”

刚开始当上主管的时候，难免会遭受部分员工的质疑和不信任，这是一种很正常的现象。因此，新主管不必为此感到挫败或者难过。面对这些质疑，你要做的是用自己的能力征服他们。

其次，品行是维持信任的根基。

用能力能够征服员工，获取员工的信任。但是这种信任感要长久维持下去，还要求主管有良好的品行。

举个例子。某团队的主管承诺员工，只要每月完成20000元的销售业绩，就可以获得2000元的绩效奖金。月末考核结果出来后，团队有两名员工完成了绩效目标，但是主管并没有履行承诺，这两名员工中每名员工只发了1000元奖金。这件事直接导致整个团队的人都开始消极怠工。

承诺的事情做不到，这就是品行上的问题。一旦出现这种情况，管理者之前用能力建立起来的信任将全部瓦解。所以说，管理者要想吸引更多的“粉丝”，一定要有良好的品行作为根基，在平时注意自己的一言一行，如及时兑现承诺、遵守双方之间的约定。

（2）帮助下属解决问题，协助下属完成任务

如果当上主管后，就把自己摆在高高在上的位置，只会让下属离你越来越远。反之，如果你能积极帮助下属解决问题，在下属需要你的时候及时出现，协助他们完成任务，他们一定会忠心追随你。

因此，新上任的主管要想提高自己的影响力，就不要只坐在办公室里喝咖啡、刷手机，而是要多去员工办公区走动、了解“民情”。这样既能及时发现员工的需求，也能促进双方之间的关系。但要注意的是，走动不是24小时监视，要懂得把握力度，跟员工办公桌保持适当的距离。

当然，并不是所有的主管都有时间在办公室走动，也并不是所有的员工都喜欢主管在自己的办公桌周围走来走去。互联网时代，在线办公已经成为新的时尚，甚至成为许多团队的标配。所以，不妨做一个24小时在线的主管，通过即时沟通软件、邮件、在线办公软件等方式，随时和员工进行沟通，协助他们完成任务。

（3）要求下属做到之前，自己先做到

一个领导真正有影响力的时候，不是用自己的特殊身份或权力压迫员工做某件事情的时候，而是在要求下属做某件事之前，自己就能做到。例如，上级要求下属认真完成任务，上级自己在工作中也要做到一丝不苟。相反，如果上级对自己很放纵，却严格要求员工执行自己的命令，那么一定会让员工感到不服气，进而不愿听从你的安排。

（4）看重团队的每一个人

团队工作中员工最忌讳的是什么？相信大部分人都会回答：不公平的待遇。

事实的确如此。之前听到一个部门的主管跟我抱怨说："最近团队有两名员工陆续离职。他们说我对待员工不够公平，偏袒团队的某个员工。"

员工看重薪酬，更看重公平性。公平待人是对他们最基本的尊重，也是获得他们信任的最佳方式。因此，作为主管不要因为跟谁关系好，就偏袒谁。你要做的是"雨露均沾"，看重团队的每一位员工。主管要明确知道，团队不是依靠某一个人的力量就可以发展壮大的，而是需要一群人集中"火力"。

知识和技能的高低决定了你能不能当上主管，而影响力的强弱决定了你能不能坐稳这个位置，并在这个位置上散发自己的光芒！

Tips：

一个主管要想实现有效管理，必须要增强自身的影响力。

06 培养自己的移情能力

我国古代早就有“爱人者，兼其屋上之乌”之说，也就是我们常说的“移情能力”。移情能力，是指能够站在对方的角度思考问题，理解对方的感受、情绪和需求的能力。移情能力是情商方面的重要能力之一，而情商的高低也决定了主管能不能获得员工的青睐，轻松驾驭新角色。

为何如此强调主管的移情能力?

我有一个同事，在闲聊之余说到他之前的主管。他说这名主管是一点人情味都没有的一个人，从来不会站在员工的角度思考问题，不理解员工的感受和需求。有一天他感冒了，而那天主管通知大家必须留下来加班。下班后他没有着急说自己生病要提前下班，而是坚持和大家一起加班。到了晚上8点多，他感觉自己实在坚持不下去了，才跟主管表明自己身体不舒服，想去医院看看。主管听了之后问道：“你现在完成多少了？”他听完以后特别生气又委屈地回答说：“我已经坚持一会儿了，现在我真的需要去医院。”主管说：“实在坚持不了就回去吧。你现在完成多少了？”

这名主管在下属带病加班的情况下还在关注任务，而没有关心员工身体哪里不舒服。我同事已经离职5年了，但是他每每想起这位没有人情味的主管，还是觉得既委屈又生气。

没有人情味其实就是没有移情能力。**一个不懂得移情的人，永远不会理解别人，也永远不会获得别人的青睐。**那么作为新主管，要如何培养自己的移情能力?

美国哈佛大学心理学博士丹尼尔·戈尔曼指出，移情有五个要素。

理解他人	• 能够感知他人的感受、观点和需求，关心他们在乎的事情
帮助他人发展	• 满足他们的个人价值需求，帮助他们成长
有服务精神	• 愿意为员工服务，把员工放在核心位置
积极看待多元化	• 接纳员工的不同，并根据他们的不同调整跟他们相处的方式
具有政治意识	• 具有政治意识的主管能够感知和回应一个群体的情感和权力关系，可以有效引导组织关系

图 2-6　移情的五个要素

要培养自己的移情能力，在具体的工作中，主管要如何做?

(1) 阅读书籍，提高自己的认知层次

很多时候，人们之所以站在自己的角度思考问题，不理解别人的感受，主要是因为他们对事情的认知层次比较低。在生活中，我们经常会遇到这样的事情：一开始认为对方是错的，但是当自己亲身经历这件事情后，才理解对方当时的行为。是因为我们更懂对方了吗？不是，是我们对这件事情的认识更高了。所以说，提高移情能力最好的方式就是要提高自己的认知层次。

如何提高认知层次？除了自己亲自去实践外，最佳的方式就是阅读。美国《科学》杂志在2013年发文称在一项研究中发现：阅读能够提升人们对事物的认识和看法，提升移情能力，并且可以让人更了解他人的思考、信仰或需求。

读书是一个不断思考的过程。在这个过程中，我们需要转换角色，对书里面的观点和事情进行推断和解读。而这一过程，能让体内支配移情能力的神经和肌肉活动起来，进而让我们的移情能力得到进一步提升。

（2）把自己当作对方的镜子

站在镜子面前对自己说话，是很多人排解压力、增强自信心的方式。人们之所以喜欢用这种方式，是因为镜子里的自己，是自己最忠实的听众。它只会静静聆听你的想法，不会对你有批判、责骂或防御之心。

主管要培养自己的移情能力，不妨把自己当作对方的镜子，静静聆听对方的想法，没有任何批判、责骂或防御之心。在跟对方沟通的时候，试试做到以下几点：

看懂对方的情绪，例如，对方听你说话的时候始终低着头，说明情绪不高；

看出对方的需求，例如，当对方不断说“工资不高”的时候，说明他想涨工资；

看懂对方的肢体语言，例如，对方双手环抱在胸前，表明对方在防御。

把自己当作对方的镜子，是培养移情能力最简单的方式。如果你能读懂镜子里的人，那么你就能清楚对方的想法和需求，进而可以满足他们的想法和需求，以获得他们的青睐。

（3）把自己的脚放进别人的鞋子里

一名短跑成绩很好的学生，在学校运动会上拿了倒数第二的成绩。其他人都在议论说“平时跑第一名又有什么用，关键时候还是不行”“能力一般般”，只有他自己知道鞋子里踩进了一颗钉子。如果你不能试着把自己的脚放进别人的鞋子里，你将永远无法看到事情的真相，无法理解他人的感受。

所以，新主管在管理工作中要多问自己“如果我是他，我会怎么做”。这句话听上去有些陈词滥调，但是只有这样做，主管才能进入员工的思维运作系统，更深入理解他们的行为、想法、感受和需求。

（4）掌握语言的魔法

一个人的情商高不高，关键在于他的表达方式好不好；**一个人的移情能力强不强，关键体现在语言能力高不高上。**作为一名主管，要想做好管理工作，不要只会做事，更要掌握语言的魔法：

⊙“我理解。”

⊙“如果是我，我也会这样做。”

⊙“我懂你的感受。”

⊙“这件事情的确不好处理。”

……

虽然只是简单的几个字，但是如果你能发自内心地说出来，自己会在语言的引导下进行移情，如此定会加深员工对你的信任和认可。

（5）鼓励员工，帮助他们成长

能够很好地鼓励员工，帮助员工成长，是移情能力高的体现。一般来说，主管要做到以下几点：

⊙认可、赞扬员工的成就，并给员工提供建设性的反馈意见，帮助员工不断改进。

⊙了解员工的优势和短板，及时为员工提供指导，帮助他们发挥自身的潜能。

⊙了解员工对未来发展的需求和想法，为他们创造进一步的发展机会。

优秀的主管既要具备专业的知识和技能，又要具备超高的情商，而移情能力是情商方面的能力中最基本也是最关键的能力。

Tips:

凡事多想想：如果我是员工，这件事情我会怎么做？

07 进行深度的心理调整

你已经成为一名主管了，但你做好心理准备了吗？

大多数新上任的主管都是经过一定的选拔才走上这个岗位的。无论是从专业能力角度还是从处理事情的态度的角度来衡量，他们无疑都是合适的人选。但是，在回答上述问题的时候，仍会有不少人给出否定的答案。

人的外在行为是由内心支配的。所以，新主管要想轻松驾驭新角色，除了外在看得见的职位转变，还要进行深度的心理调整，尽快完成心态转型。

在培训工作中，我曾经结识了一个朋友。有一次他打电话跟我说："我升职当主管了，真的太烦躁了。"我很纳闷："当主管是值得庆祝的事情啊，怎么到你这儿反而成了一件坏事？"他抱怨道："我们团队一共就5个人，他们压根儿就没有把我当成主管。有一名员工，我交代任务给他，让他按照我的要求去做，他压根就不听，还喜欢跟我抬杠，质疑我的能力。我真的很不喜欢那个人，连话都不想跟他说，太气人了！我现在才上任一个星期，内心都要崩溃了。我是不是要辞去这个职务？"

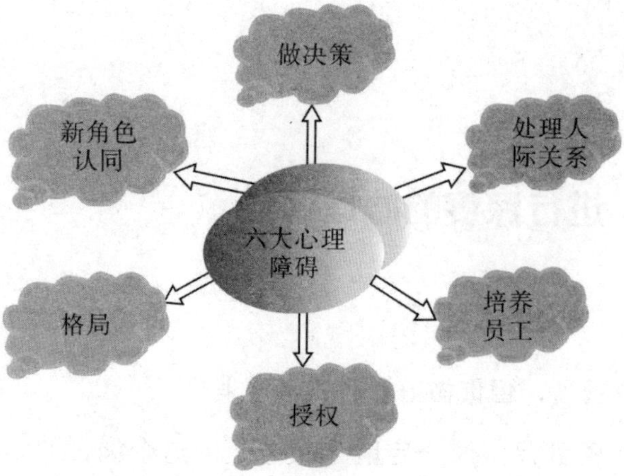

图 2-7　新主管常见的六大心理障碍

之前兴致勃勃地跟我说要努力工作当上主管的人，现在打电话跟我抱怨说要辞去主管职务。为何会出现如此大的转变？不是能力问题，也不是梦想变了，而是心态没有转变过来。一般来说，新上任的主管会遇到以下六种心理障碍：

第一种，新角色认同的心理障碍。表现为缺乏领导欲，或担心下属不认同自己、极度自卑等。

第二种，做决策的心理障碍。表现为胆子小、不敢果断做决策，或者技工心态、有绝对的标准、过于苛求完美等。

第三种，处理人际关系的心理障碍。表现为性格内向、不敢指出员工的问题，或者无法接受员工的意见和质疑等。

第四种，培养员工的心理障碍。表现为害怕被员工超越或替代等。

第五种，授权的心理障碍。表现为怕失去权力，或者低估下属的工作能力。

第六种，格局的心理障碍。表现为只关注自己的个人利益，不考虑团队的整体利益，不会从主管的角度进行思考。

大多数新上任的主管会存在以上六种心理障碍，但并不是说这六种心理障碍都会同时存在于同一个人身上。所以，新上任的主管先要对自己进行心理诊断，明确自己当前存在的心理障碍，然后再有针对性地进行深度的心理调整。

（1）调整新角色认同的心理障碍：认同新角色，乐于担责任

任何事情都有两面性。成为一名主管意味着你有了更高的权力，同时也意味着有了更大的责任。新主管不能只享受指挥员工的权力，也要想到，如果他们工作出现失误，你要敢于站出来帮他们担责。

（2）调整做决策的心理障碍：敢于拍板，在不确定的条件下果断做出决策

决策对一件事情的成败起着关键作用。正因如此，不少新上任的主管最害怕的事情就是做决策。而主管跟员工之间的本质区别之一，就是员工只需要按决策执行任务，而主管必须要敢于在不确定的条件下果断做出决策。例如，当团队面临危机，员工不知道要不要继续按照之前的计划继续进行时，主管就要果断决定是继续做还是立即停止。

（3）调整处理人际关系的心理障碍：员工是利益相关者，你要跟他们和谐共处

有些新上任的主管刚上任的时候表现得比较“温柔”。因为刚上任，他们害怕得不到员工的喜欢，害怕员工不服从他们的管理。但是，一旦员工表现出抗拒他们的行为，他们的内心建设就会立刻瓦解，以致会出现主管与员工互相抵抗的局面。

这种做法显然是不对的。成为一名主管，意味着你要有更强的心理承受能力。你要清楚地知道，员工是利益相关者，你不能跟他们对着干，这样只会导致双方的利益都受到损失。你既要敢于指出他们的问题，也要坦然接受他们的质疑和意见。

（4）调整培养员工的心理障碍：员工能够得到成长也是自己管理能力强的体现

不要担心员工会超过你，员工能超过你的说明你的领导能力强。相反，如果员工能力无法提升，团队效益无法保证，那么你的上级会怀疑你是否适合当这个主管，是否需要换一个能力更强的人来取代你的位置。

（5）调整授权的心理障碍：大胆授权，从“自己干”到“让别人干”

前面我们提到，成为一名主管要懂得“偷懒”，让你的下属去完成任务。所以，新主管要大胆放权，要从以前的“自己干”转变成“让别人干”。如果把权力紧紧拽在自己手里，你也只是一个拥有主管权力的“员工”，很难成为一名合格的主管。

（6）调整格局的心理障碍：从个人利益到团队利益

作为团队的主管，首先，必须有主人翁的心态，不要只顾着自己个人的利益，团队利益才是你关注的重点。其次，要有大局观。只要能够帮助团队实现经营目标，对于一些小事就要“睁一只眼闭一只眼”。最后，要兼顾长期利益和短期利益，员工关注的是下个月能拿多少工资，而主管不仅要关注这个月能完成多少业绩，更要关注未来一年、两年、三年要实现什么样的经营目标。

新上任的主管可以通过以上六种方式进行深度的心理调整。一旦心态转型完成，新主管就不会对下属的不同意见感到难以承受，也不会因为出现一点问题就忙得团团转，因为你已经做好了充分的心理准备。

Tips:

新官上任“三把火”，第一把火就要从内心开始点燃。

08 不要过度关注你的下属，跟他们保持适当的距离

人们常说："距离产生美。"很多人把这句话用在普通的人际关系中。其实不只是普通人之间，在职场中，主管和下属更要保持适当的距离。只有这样才能既做到令行禁止，又使双方保持基本的职业尊重。

关于"距离产生美"这一说法，心理学中有一个著名的"刺猬法则"。

在一个寒冷的冬季，有两只刺猬冻得睡不着觉，于是它们想出一个办法：抱在一起取暖。但是紧紧抱在一起后，它们发现怎么睡都不舒服。因为它们身上长满了刺，抱得越紧扎得越深。它们觉得这样下去不是办法，于是它们就离开了一段距离，可是实在冷得难以忍受，不得不又抱在一起，扎疼了又不得不分开……经过一番折腾后，最后它们找到了一个比较合适的距离，既能互相取暖，又能不扎伤对方。

刺猬与刺猬之间距离太近会伤害对方，太远又无法互相取暖，只有保持适当的距离，才会让彼此都舒服。同样，人与人的交往也

是如此，要学会保持适当的距离，尤其主管跟员工之间更要注意保持距离。而新上任的主管，却常常忽视这种微妙的距离感的作用。

我曾经遇到一个员工吐槽自己的新主管说："我们主管真的是时时刻刻都在管理我们。有一次下班，我约我们办公室的同事一起出来吃饭。我们主管说他也要跟我们一起，我们又不好意思拒绝他。于是一个晚上，我们都在听主管说工作的事情。我当时感觉自己不是在约人吃饭，而是在约主管开会，太令人反感了。"

为了能够快速融入团队，获得员工的青睐，很多新主管恨不得时时刻刻都跟员工待在一起。这种过度的关注，往往会导致两个问题：

第一个问题，这么做会让员工觉得私人空间被侵占，容易使员工产生逆反心理。上述被员工吐槽的新主管，犯的正是这个错误。

第二个问题，跟员工走得太近，会干扰主管做出准确的决策。例如，跟某员工关系太好，在某员工犯错误的时候主管便不知道如何处罚。

那么，主管要如何把握和员工之间的适度距离呢?

图 2-8　主管和员工应该保持的距离

（1）保持适当的心理距离

前面我们提到作为主管要培养自己的移情能力，要学会站在员工的角度思考问题、理解员工。但是这种移情能力并不是让主管完全把自己当成员工，这样会使主管丧失自我认知，容易被员工牵着鼻子走，导致无法做出准确的判断和决策，进而无法顺利展开管理工作。

因此，主管首先要在心理层面与员工保持距离。心理层面的距离是指，主管既要表现出亲和力，如用亲切的语气跟员工交流，也要保持作为管理者的威严，如员工出现错误时，要严肃告知员工，让员工深刻认识到自己的错误。

如果没有适当的心理距离，员工会认为主管对什么事情都无所谓，进而他们也会对什么事情都无所谓。

（2）保持适当的空间距离

空间距离很好理解，就是平时工作与生活中的物理距离。在空间距离上离员工太近，会给他们造成空间压迫感，也很容易给员工留下主管很随意的印象。

一般来说，保持适当的空间距离要注意以下几点：

⊙不要经常到员工的办公桌旁边走动，很容易让员工误认为你在监视他们；

⊙不要与员工勾肩搭背，会让他们很不自在；

⊙员工私下的活动，如果没有邀请你，不要主动参加；

⊙……

（3）保持适当的时间距离

相信大部分人在学生时期很不喜欢的一件事就是“老师拖

堂”。虽然只是短短的几分钟，但对于学生来说那几分钟就是煎熬。

同样，员工也不喜欢主管占用自己工作之余的时间。因此，除了员工因自己任务没有完成而自愿加班，或者遇到紧急情况需要加班之外，主管一定要在时间上与员工保持适当的距离。例如：

⊙不要在工作之外的时间约员工聊天，对他们而言，这就是“加班”；

⊙不要在下班的时候安排会议，这样既耽误员工的时间，也影响会议效率；

⊙不要在员工休息的时候给员工打电话，让他们来公司，小问题最好自己处理；

⊙……

靠近员工、培养跟员工之间的感情是主管必须要做的事情，也是促进管理工作有序开展的方式。但这种关系一定是“亲密有间”，而不是“亲密无间”。

“亲密无间”会将主管和员工双方的缺点无限放大，一旦对方的缺点让你无法忍受，你们之间的关系就会迅速破裂。而“亲密有间”，会让彼此保持一个舒服的距离，这才是最恰当的职场关系。

Tips:

一名优秀的主管，要做到“疏者密之，密者疏之”，这才是成功之道！

第3章

团队管理：聚人心，促协作

团队管理不等于对个人进行管理。团队管理的关键是要发挥团队每一个员工的优势，并对他们这些优势进行整合，实现“1+1 > 2”的效果。因此，新主管的任务是要明确团队管理是什么，要知道如何处理好团队员工之间的矛盾，营造良好的团队氛围，促进员工之间的协作。

01 管理个人≠管理团队

从基层员工晋升到管理职位的新主管，很容易将管理个人和管理团队之间画等号。但是实际上，管理个人≠管理团队。

“管理个人”，顾名思义是对某个人的管理。员工时期侧重的“个人管理”，就是“管理个人”范畴，只不过管理的对象是自己。当从基层员工晋升到主管位置后，他们会不自觉地将员工时期“管理个人”的方式运用到团队管理中，并认为只要管理好团队的每一个人就相当于管理好了整个团队。

事实上，主管最艰巨、最具挑战性的任务，是要寻找一种方法，能够确保整个团队的集体工作成果大于所有团队成员的贡献之和。

图 3-1　管理个人≠管理团队

通过上面图3-1所示的两个公式我们可以清楚地知道：**管理个人≠管理团队。**

但是很多新上任的主管并不能充分认识到这个问题，导致团队成员无法发挥出自身最大的效用。从这个角度看，他们的团队其实只是名义上的“团队”，主管也只是名义上的“主管”。

一名上任一个月的团队主管曾咨询我：“我已经上任一个月了，我很看重团队的每一位员工，并且会很认真地帮助他们寻找各种提升绩效的办法。但是我上任这一个月以来，员工并没有得到成长，团队绩效甚至比之前还低，问题到底出在哪里？”

我问他：“你认为管理个人和管理团队有什么不同吗？”

他似乎很不理解我的问题，回答说：“没有什么大的不同啊，区别无非是以前管自己一个人，解决自己的问题，完成自己的任务，现在管的人数多了，问题也多了而已。”

我说：“你看，这就是最大的问题。管理团队跟之前最大的不同不是管理的人数变多了，更不是问题变多了，而是要把这些人当作一个整体，善于利用每个人的优势，实现团队效益最大化。你要关注的是团队整体的绩效，而不是只关注每个人的绩效。”

大部分新上任的主管对“团队管理”都会存在这样的错误认知。所以，要想成功转型做一名合格的主管，做好团队管理工作，还要重新认识“团队管理”工作。

（1）从团队中获取信息，而不是只跟个人交谈

在实际的管理工作中，大多数新上任的主管不会依靠“团队讨论会”来解决问题，甚至涉及团队的一些大问题时，他们也只会挑选出几名员工简单交流一下。在这种情况下，主管获得的决策信息是有限的，最终的决策只对其中一部分员工产生作用。这样不仅会引起其他员工的不满，还会影响整个团队的绩效。

从团队中获取信息，即要求主管要了解团队每一位员工的工作情况及想法，进而掌握整个团队的情况。例如，可以定期召开“团队讨论会”。会议上，主管要鼓励员工畅所欲言，以获取更多的团队信息。收集的团队信息越多，越有利于主管在管理工作中做出正确的决策。

（2）了解团队的每个人，以及团队内外部环境

“管理个人”只要了解某一个人的工作情况、生活情况即可，但是“管理团队”要求了解团队中每个人的信息，以及团队内外部环境。

了解每个人。只有了解了每个人的优势和劣势，才能有效利用他们的优势，规避劣势，进而建立强大的团队组合。

了解外部环境。市场是瞬息万变的。要确保团队顺利运行，主管就要多关注外部环境的变化。例如，销售部的主管要关注同类竞品的销量、价格等，以便制订合适的销售方案，提高团队的业绩。

处理好团队内部关系。团队最大的特点和优势是成员之间可以互相协作。所以，管理团队一定要处理好团队内部成员之间的关系。如果只关注某个人，很可能导致员工出现各自为政、不愿意相互协作的情况。

（3）以“团队”为出发点制定明确的工作规划和管理制度

“管理个人”可能只要口头上表示“你应该做什么”“你不应

该做什么”。如果这种方式运用到团队管理中，一定会让团队变得一团乱，每个人只顾埋头做自己的事情，而不管别人在做什么。如此一来，可能会出现所有人都在做同一件事情，导致绩效重复；也可能出现两个员工的工作结果存在冲突，难以实现对接……

真正意义上的“管理团队”一定要有明确的以“团队”为出发点的工作规划和管理制度。团队中每个员工都要遵循工作规划和管理制度，这样才能确保团队的每个人都能有条不紊地开展工作，进而实现团队目标。

（4）把团队整体效益放在首位

“管理团队”和“管理个人”最大的差别在于“管理个人”的核心是个人效益，而团队是一个整体，所以“管理团队”更关注的是团队整体效益。因此，要做好团队管理，主管就要把“提高团队整体效益”放在第一位。

⊙确保团队业绩，是保障个人利益的前提；

⊙团队经验能够强化员工一起协作、互相帮助的能力；

⊙以团队效益为目标能够增强团队的凝聚力。

“1+1＞2”其实是一个资源整合的过程。优秀的主管，一定能够发现优秀资源，并将这些资源有效整合在一起，以实现团队效益的最大化。

Tips:

团队是由个人组成的，但是管理个人不等于管理团队！

02 明确有效团队的三个标准

有些新上任的主管为了展现自己的实力，会在刚上任的时候暗下决心："我一定要带领团队创造惊人的业绩""我要把我的团队打造成一支高效的团队""我一定要发挥出他们每个人的优势，做到'1+1＞2'的效果"……但是现实往往很残酷。

在一个公司的销售部门，有一位新上任的主管。上任之初他信誓旦旦地说："我认为自己有能力带好这个团队。我就算做不到业绩翻倍，至少也不会比之前那个主管差劲。"这名主管带着十足的信心，开始了第一个月的工作。在这一个月中，团队成员怨声载道、互相推卸责任……最终导致团队业绩急剧下滑。而这名主管却百思不得其解：为何自己已经竭尽全力为团队付出，最终得来的却是这样的结果?

主管辛辛苦苦为团队付出值得称赞，但是企业的最终目的是盈利，如果员工不能贡献价值，团队不能创造绩效，那么团队管理就是无效的。

新上任的主管，要想打造出一支高绩效队伍，仅凭借决心远远不够，还要明确一个问题——"何为有效团队？"。

一般来说，评价一个团队的整体效益要明确三个标准。

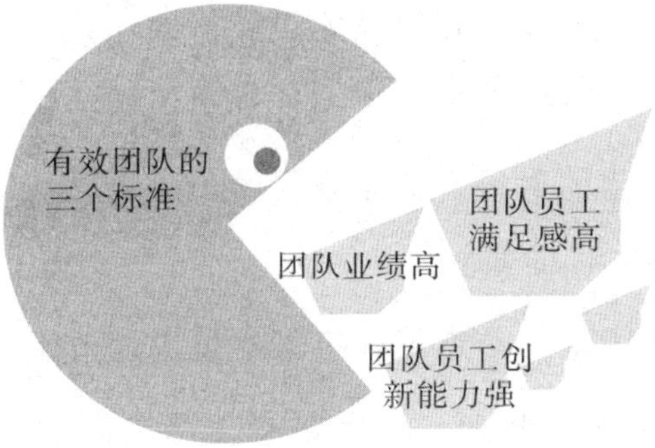

图 3-2　有效团队的三个标准

（1）有效团队的第一个标准：团队业绩高

企业的最终目的是盈利，所以衡量一个团队是否有效的首要标准是：**能不能创造高业绩。**

很多新上任的主管会质疑这条标准，主要是因为大多数主管是从基层员工晋升上来的，员工时期，他们最忌讳的就是主管以“业绩论英雄”。他们认为自己付出的辛苦，管理者都不放在眼里，只看最后的业绩，显得很不公平。

然而如果一味关注过程，不在乎结果，企业最终会因为无法盈利而走向死亡。因此，作为新主管，既要关注员工的工作过程，也要关注团队的业绩。

要做到这一点，仅仅满足团队绩效标准或者企业制定的绩效标准是远远不够的，关键要确保团队的产出（产品、服务）能够满足客户的需求，因为团队的利益来源于客户。这就要求新主管，要多了解市场信息和客户需求，然后根据市场情况，制订相应的团队绩效目标和计划，带领团队创造更高的业绩。

（2）有效团队的第二个标准：团队员工满足感高

工作中经常会听到员工抱怨：“主管要求太苛刻了”“主管每

天要我加班”“主管从来没有肯定过我，太让人绝望了”“每天辛辛苦苦，就拿这么一点工资”……这种负面情绪，会大大降低员工的工作效率。严重的时候，甚至会导致员工离职。到这时候再谈员工管理，也就没有任何意义了。

一个有效的团队，一定不会每天给员工挫败感，让员工对团队感到失望，乃至绝望离去，而会给员工带去满足感和成就感，激励他们不断努力工作。因此，新主管既要关注业绩，也要关注员工的需求，因为业绩是由员工创造的。例如，阿里巴巴铁军中有一个“百万俱乐部”，销售员的年销售额过一百万元即成为该俱乐部成员，而每一位“百万俱乐部”成员诞生，时任阿里巴巴电子商务网站总裁兼首席运营官的关明生都会为其赋打油诗一首作为激励。

（3）有效团队的第三个标准：团队员工创新能力强

团队成员是否具有创新能力，也是判断一个团队是否有效的标准之一。

一个新主管提到他所带领的团队状况时说：“我们团队的员工对待工作都特别认真，每次交代的任务都会按时完成。但无论是月度绩效考核还是年终绩效考核，我们团队的绩效排名都不理想，真不知道公司的绩效考核标准是怎么制定的！”

我问他：“你们团队成员的创新能力怎么样？”

他说：“他们只求稳定的工资，就是我安排什么任务就完成什么任务，从来不会对我有疑虑，或者建议。”

听到他的回答，我彻底明白了为什么他的团队成员做到了认真工作、按时完成任务，但是绩效考核却不理想。很多新主管非常喜欢“乖巧”的员工，因为他们会认真对待工作，按时完成主管安排的任务。但是团队要发展，单靠“乖巧”的员工是不行的，更需要创新能力强的员工。

所以说，新主管不要只安排任务，还要听听员工的想法和意见，并要采取一定的措施激发员工的创造能力。例如，采取良性竞争的工作模式，或者激励性的奖金制度。

一群人在一起做事情，不叫团队。一群人凝聚在一起，不断激发自己的创新能力，通过自己的努力实现自己的目标，为团队创造更高的绩效，才叫团队。

Tips:

有效的团队既能够为团队创造好的绩效，又能够让团队成员的需求得到满足。

03 掌握集体协作的三种能力

团队与个人最明显的不同在于个人只能凭借自己的力量单打独斗，而团队可以集体协作。但是我们会发现，现在很多团队，他们看上去是一个集体，实际上就是单独的个体拼凑在一起。这种没有凝聚力的团队，就像一盘散沙，风一吹就会散。因此，要想做好团队管理，新主管必须掌握集体协作能力。

那么何为“集体协作”？

对于这个问题，有一名主管给出的答案是：集体协作就是命令团队每个人做好自己的事情。

这个答案显然是错误的。如果集体协作是以简单的命令方式实施工作，你会发现，团队工作中员工会出现以下几种表现：

⊙各自为政，每个人只会按照领导的指示完成自己的任务；

⊙不愿意耽误自己的时间帮助其他人，导致团队成员之间产生矛盾和冲突；

⊙互相推诿，不会主动承担责任；

⊙只关注个人利益，没有团队意识；

⊙……

前面提到，有效的团队是大家能够为共同目标凝聚在一起的团队。这种凝聚在一起、互相帮助、共同进步的力量才是真正的协作能力。所以说，集体协作不是让团队每一个人按照简单的命令完成任务，而是要通过规划力、促进力和指导力这三种能力来促进团队协作。

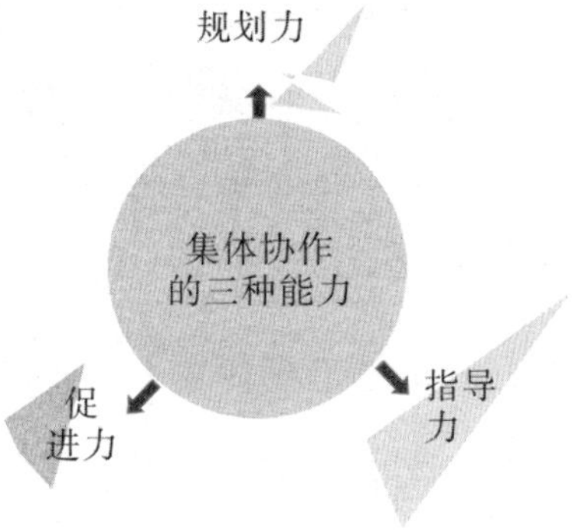

图 3-3　集体协作的三种能力

（1）规划力

团队规划是增强团队集体协作能力的关键因素。要提升规划力，主管必须明确以下三个问题。

第一个问题："团队要做什么？"

要提高团队集体协作能力，首先必须明确知道团队要做什么。具体来说，主管必须根据团队发展情况，制定明确的目标和清晰的工作流程。这样做，团队成员才知道该朝哪个方向共同发力。

但要提醒主管注意的是，在同一个团队工作，完成相同的任务，并不意味着团队的每一名员工能够认识自己对团队的作用，意识到他们是一个团队。为了让他们明确这一点，要求主管在制定目标和工作流程的时候，让员工参与进来，并且要让大家知道，他们是一个团队，必须互相协作，才能从集体行为中获利。例如，主管可以制定一个团队目标，只有达成团队目标，个人才能从中获利。

第二个问题："你需要什么类型的团队？"

美国管理学大师彼得·德鲁克曾经说过："团队之所以经常失败，是因为他们的领导对于需要什么类型的团队感到困惑。"因此，做好团队规划，还要求主管要根据团队的核心任务，选择合适的团队类型。团队类型不同，其采取的协作方式也不同。

在《华尔街日报》中，彼得·德鲁克将团队分为三种不同的类型。

第一种：棒球型团队。彼得·德鲁克指出在这一种类型的团队中，成员是“在队伍里比赛”，不是“作为一支队伍在比赛”。例如，汽车生产流水线岗位上的每个人基本都在自己的位置上，如喷漆工不会去做零配件工的工作。这种类型团队的特点是，每个人都十分明确自己要做的事情，能够发挥出自己最大的潜能。但是成员之间的相互依赖性比较低，正因如此，他们不需要为对方做出太大的调整，只要能够适当配合对方的工作即可。

第二种：足球型团队。足球队中的每一个成员都有自己固定的位置，如前锋、后卫、守门员。他们之间需要十分密切的配合，才能踢出一场精彩的球赛。简单来说，他们是“作为一支队伍在比赛”。对于这种团队类型的员工，就要求必须有强大的集体协作能力，团队每一位成员都必须服从团队的整体安排。

第三种：网球双打型团队。这种类型的团队，每个人在团队中的工作是各司其职，但是需要配合自己的队友。也就是说，员工不必配合每一个人，只需要配合跟他一起协作的队友，要根据队友的优势和弱势以及工作中的其他要求进行调整。

要提高团队员工的集体协作能力，主管就要明确自己的团队属于哪一种类型，然后根据团队类型选择合适的协作方式，进而让团队发挥出最大的潜能。

第三个问题：“团队应该由哪些人组成？”

在确定团队目标、工作流程以及团队类型后，主管就要着力解决团队的构成问题，即该类型团队需要纳入什么样的人才。

为新团队挑选合适的人才，要关注以下几点：

首先，要根据团队核心任务，选择知识、技能相匹配的人才。

如销售团队要选择口才能力强的人。

其次，寻找的人才必须与团队其他人才之间能够产生“化学反应”。这里的“化学反应”是指团队成员之间能够互相吸引，且能够碰撞出更多思维的火花，让团队成员的潜能更多地激发出来。这一点是跟专业知识和技能同等重要的。

最后，团队人才要互补。很多新上任的主管在为团队选择新成员时，会倾向于跟自己相似的人才。但是一个成功的团队，必须要有专业知识和行事风格上能够互补的成员。因此，主管在选择人才的时候，要学会平衡员工之间的相同性和差异性。

（2）促进力

管理水平高的团队主管，不会只关注团队的规划，还会思考如何促进团队工作开展，以推进协作工作。

提升促进力有两种方式：

第一种方式，设置硬性团队规则，即要制定一套工作制度、规范或标准，并明确要求员工必须按照规范和标准开展任务。

第二种方式，利用团队文化的影响力，促进工作开展。促进团队工作开展，最好的方式就是形成高效的团队文化。因为团队文化是一个团队共同的“信条”，能够让员工自发地凝聚在一起，相互协作，为实现共同的目标而努力。例如，树立正确的团队价值观。

（3）指导力

具备团队集体协作能力的前提是员工自身能力很强。例如，某销售团队一共有5名员工。这5名员工中，有两名员工十分腼腆，见到客户会紧张得说不出话来。这种不具备销售能力的员工，无论团队其他成员怎么协助他，团队的绩效也很难得到提升，甚至会拖垮整个团队。因此，提高集体协作能力要求主管要学会指导员工。

指导员工的关键不是用自己的知识和经验帮助他们解决问题，而是要掌握一定的技巧，让他们认识到问题并自发寻找解决问题的方式。

首先，要求主管清楚了解团队每位成员的优势和劣势；其次，要通过提问的方式引导他们认识问题，如“这件事情没有做好的根本原因在哪？你能够有更好的解决方案”；最后，帮助他们一起寻找解决问题的方案。

提升指导力，其实就是要求主管要转变成团队成员的“教练”，即要懂得激发他们的潜能，引导他们改变行为。

团队集体协作归根结底就是把合适的人聚集在一起做合适的事情。因此，要求主管必须清楚自己要一支什么样的队伍，然后为队伍寻找合适的人才，并采取合适的方式指导团队成员工作，促进团队成员顺利开展工作。

Tips:

三个臭皮匠，顶个诸葛亮！

04 不能统一思想，那就统一目标

每个人都有自己独特的思想。这种思想跟个人的成长环境、受教育程度、家庭背景等息息相关。所以说，想要改变一个人的思想几乎是一件不可能的事情。

很多主管会问：不能统一人的思想怎么能带好团队?

这个问题似乎问得并没有错。因为思想不统一，会导致员工出现诸多问题，如：

⊙不会听从你的安排；

⊙只会按照自己的主观意愿行事；

⊙出现问题，不会自我反思；

⊙把所有问题都归咎于管理者的管理；

⊙……

但现在要面临的问题是，你无法给员工“换一个脑子”。那么这时候，你就要想一种办法——不改变他们的思想，但是能够有效解决上述问题。阿里巴巴集团创始人马云曾说过，千万不要相信你能统一人的思想，那是不可能的。不要让你的同事为你干活，而让他们为我们的共同目标干活，团结在一个共同的目标下，要比团结在一个人周围容易得多。

只要大家的目标一致，无论他们是希望通过实现目标完成自己的梦想，还是希望通过实现目标满足自己的生存需求，都会让他们为团队目标而战，为团队而战。

那么，如何用统一的目标把大家凝聚在一起?

（1）制定目标要让员工参与进来

目标的执行者是员工，如果制定的目标不能得到员工的认同，统一目标就无从谈起。

在培训工作中，我遇到过不少新上任的主管跟我抱怨他们的困惑，有一个我印象非常深刻。那名主管跟我说：“为了提高团队绩效，也为了团队员工能够赚到更多的钱，我制定了一个目标。我想这样大家应该会凝聚在一起，为实现这个目标而共同奋斗。但是，没想到这个目标并没有得到他们的积极回应，甚至有员工跟我说这个目标打击了他们的信心。最终，没有一个人把这个目标当回事，他们还是按照之前的方式工作。他们难道不想拿到更多的钱吗？”

他们一定想拿到更多的钱，但是他们未必想实现这个目标。人在什么情况下会为目标努力？一定是在自己认同目标的情况下。相反，如果目标是别人强加的，实现目标的过程只会让人感觉特别累。这时候奖金再高，也未必有人为之动容。

因此，主管不要把制定目标当成自己一个人的事情，而是要让员工参与进来。例如，你要询问员工当前的工作状况，“工作是过于饱和还是可以完成更高的绩效”“你们希望自己能达到什么样的目标”“如果达成目标，你们预期的奖金是多少”等。只有明确这些问题，制定出来的目标才能得到员工的认同和支持。

（2）制定目标要遵循SMART原则

目标只是得到员工的认同还不够。如果目标设定不合理，很可能导致员工轻易就能完成目标，或者无论怎么努力都难以达成目标。这样的目标显然达不到想要的效果。因此，建立统一的目标一定要符合SMART原则。

SMART原则是由美国管理大师彼得·德鲁克在其经典著作《管理的实践》中提出的目标管理技巧，不仅有利于推动员工更加高效地工作，还可以确保目标实施过程的考核更加科学、规范、公平。

具体来说，SMART原则包括以下五个方面：

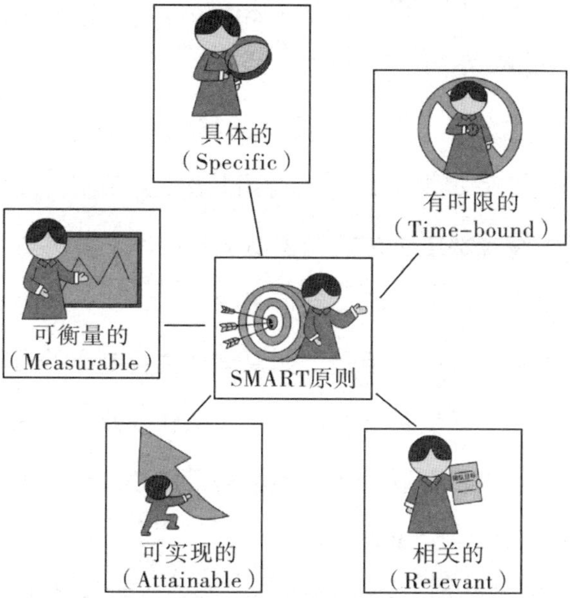

图 3-4　SMART 原则

具体的（Specific）。

具体性是指目标要用清楚的语言清晰地说出员工要达成的行为标准。比如，“提高客户满意度”这种目标就不够具体，更具体的应该是“减少客户投诉率”“提升服务速度”“使用规范的礼貌用语”等。

可衡量的（Measurable）。

目标可衡量是指，有一组明确的数据能够衡量目标是否达成。例如，团队每月的绩效目标是12万元。如果团队只达成了10万元，就没有完成任务。这个目标就是可衡量的。

可实现的（Attainable）。

制定目标的最终目的是达成目标。如果制定的目标无法达成，那么这个目标就是无效的。因此，制定目标的时候，主管要考虑团队每个员工的能力，根据他们的能力和优势，制定合适的目标。

相关的（Relevant）。

目标的相关性是指目标要与团队的其他目标和员工的本职工作是相关的。否则即使实现了目标，对团队来说也是没有意义的。

举个例子。编辑部主管想提升团队人员的写作能力，可以制定一个每个月读两本书的阅读目标。阅读量提升了，写作能力也会随之提升，这两者是息息相关的。但是，如果这个主管制定的目标是每个月成交两名客户，那么即便目标达成了，团队的绩效也无法提升，因为该目标与团队的其他目标以及员工的本职工作都没有相关性。

有时限的（Time-bound）。

人们制定目标的时候，通常会说“我要在一个月之内减掉2斤”“我一个星期要读5本书”“我每天要运动1个小时”。从这些目标中我们可以发现一个规律：一个月、一个星期、每天……每个目标都有时间限制。

为目标划定一个时间，是为了有紧迫感，否则人的惰性会无限放大，目标将永远无法完成。因此，在制定统一目标的时候，一定要有明确的截止时间，如果可以的话，最好将截止时间设定到某日某时。

现在再回到开头的那个问题：不能统一员工的思想，怎么能带好团队？我们会发现，其实不需要统一人的思想，因为团队需要有不同思想的人，需要有不同的想法，才会有更强的创造力。而要凝聚团队的每一位员工，增强团队协作能力，统一他们的目标就可以了。

Tips:

员工想什么不重要，你希望他们朝哪个方向想更重要！

05 团队要有“江湖气息”

所谓“江湖气息”，就是人际关系中最简单的同甘共苦、携手共进的思想。**具有“江湖气息”的团队活跃度高，有温度、有情感、讲义气，能够让员工有归属感，进而能够激发员工的工作积极性和动力。**

但是现在很少有团队能做到这一点。

很多主管强调团队协作，强调业绩，却忽视了对团队业绩有着重要影响的团队氛围。团队氛围是新生代员工最关注的问题，很多时候他们是否选择一份工作，不是看老板给的工资高不高，而是看团队氛围好不好。

有一个做文职工作的朋友经常吐槽他们的团队氛围，说每天去到办公室都感到异常“冰冷”。为了证明这冰冷的程度，她讲了一个故事。

团队新来了一名员工小A。据了解，小A之前是做销售工作的，性格非常活泼，非常喜欢说话。小A正好坐在这个朋友的对面。上班第一天上午小A就不停地问她各种问题。为了不耽误工作，她只能简单回答。当天下午，她跟小A顺路一起下班，小A说他已经离职了。

她很惊讶："是不是因为工作难度大？"

小A回答说："不是，就是工作氛围让我感觉很压抑。无论是上班时间还是下班时间，办公室的人都不说话，互相之间都不交流。我之前是做销售的，喜欢说话，也喜欢活跃一点的氛围。在你们公司待一上午我就已经压抑得受不了，有问题不敢问，憋着又难受。所以下午的时候，我就跟领导说辞职了。"

的确，不同的工作有不同的工作环境，但是无论在什么样的环境下，大家都希望能开心、舒适地工作。如果将有温度、有情感、讲义气的"江湖气息"融入团队氛围中，会大大提升员工对团队的归属感。

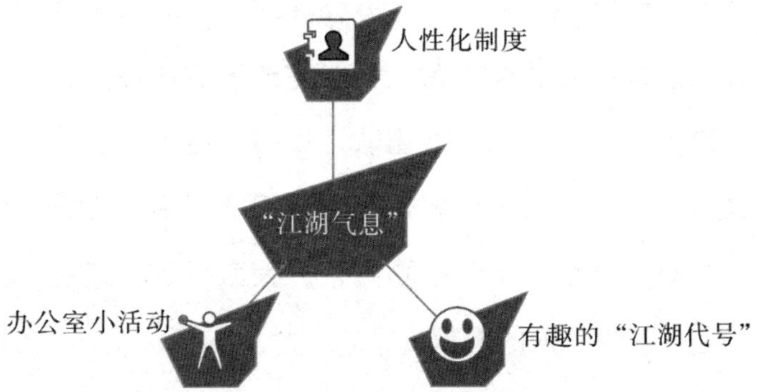

图3-5　团队的"江湖气息"

（1）人性化制度：给员工潇洒闯"天涯"的自由

《还珠格格》中的箫剑出场是这样介绍自己的："一箫一剑走江湖。"这句话表达的就是江湖人士对自由的向往。不只是箫剑，我们发现武侠剧中的很多大侠都不喜欢被约束，但是他们依然很守江湖规矩。这一点完全可以运用到团队管理中，在“江湖规矩”之外，给员工充分的自由，也就是制定人性化的制度。

例如，弹性工作制。只要员工能够完成任务，并且确保任务的质量，就可以让员工自己安排上下班时间。当然弹性工作制不是让员工“为所欲为”，也要有一定的“江湖规矩”，如上午可以晚到两个小时，或者下午可以提前两个小时下班，前提是任务已经完成。

（2）办公室小活动：“江湖会议”能够聚人心

江湖经常有各种活动，《倚天屠龙记》中的“屠狮英雄大会”、《鹿鼎记》中的“杀龟大会”、《神雕侠侣》中的“大胜关英雄会”等。参加这种大会，不但可以提升大侠们的武功技能，还能够促进他们之间的友谊。同样，团队也需要有这样的“江湖活动”。

团队的员工如果每天只是坐在办公桌前不走动、不说话，并不是一件好事。这样的团队也许每天都能完成既定的任务，但是他们缺乏创造力和积极性，如此开展团队工作很难促进团队快速发展、绩效迅速提升。因此，新主管要想办法让团队“活”起来。例如，午休后，可以安排一个“下午茶聊会”，大家可以一起聊工作中遇到的问题，也可以聊其他的趣事。

这种小活动，给了团队成员之间一个互相交流的机会。在这种轻松的氛围下，彼此之间的距离也会拉近，对以后工作中的相互协作会有很大的帮助。

（3）有趣的“江湖代号”：让员工有当“大侠”的意识

“洪七公”“小龙女”“金毛狮王”……这些充满江湖气息的称呼，不仅有趣还充满大侠的豪气。主管不妨也让自己的团队成员为自己起一些有趣的江湖代号来代替那些没有感情的“小王”“小李”等称呼。

主管可以征集团队成员的意见，先给团队取一个具有“江湖气息”的名字。一个霸气十足的名字，不仅仅是一个代号，代表的将是团队成员的决心和目标。例如，可以给团队取名“霸气王朝”“笑傲江湖”等。

还可以让团队中的每个人都给自己起一个有趣的代号，例如，“西伯利亚狼”“粉色绵羊”等，以此激发他们当“大侠”的意识和决心。

“有人的地方就有江湖”，江湖是一个人气旺盛、人才辈出的地方。江湖儿女有活力，讲义气。而小团队实际上就是一个“小江湖”，要的正是那种江湖气概。如果主管能够打造一支具有“江湖气息”的团队，不但能让员工之间“肝胆相照”，还能激发他们内心的斗志和决心，进而促进团队整体效益的提升。

Tips:

把你的团队成员培养成能够为兄弟“两肋插刀”的“江湖儿女”，你就赢了！

06 为员工营造支持性的环境

网上有一位朋友吐槽自己的主管。

有一天上班我发现电脑特别不好用，Word文档经常自动退出，即便设置了自动保存，退出后打开还是空白文档。于是我就跟主管说了这个情况，希望主管找人维修。主管当时很干脆地回了句“好的”。但是一个星期后、一个月后这件事还是没有人处理，主管也没有过问。某天我辛辛苦苦刚写完一个文案，Word文档突然自动退出了，再打开是一片空白。我当时心情特别烦躁，但还是按捺住自己的情绪问主管维修电脑的事情。

主管却说：“哦，这件事啊，我忘了。你那个完全不能用吗？”

我无奈地说：“完全不能用啊！刚写的文案因为Word文档突然退出全没了！”

原以为主管会立刻处理这件事，没想到主管说：“那我有什么办法呢？我尽快找人给你修，文案你自己重新写不就好了。”

虽然只是维修电脑的小事，但从行文中我们可以感受到这位朋友感到特别生气、委屈。的确，对于员工来说，没有什么比自己辛辛苦苦做出的劳动成果因为“意外”而丢失更让人懊恼的了。如果这个“意外”又是因为主管的不支持而发生的，那员工必然会把所有的怨气都发在主管身上。

相信很多员工都遇到过类似让人提不起精神好好工作的事情，也许是因为电脑反应速度慢，或许是因为上班地点离家太远，抑或许是办公室附近环境不好等。这些问题在很多主管看来却是“工作能力不行，事情还特多”。

那么，员工的工作状态和环境到底有没有关系，什么样的环境最能提高员工的工作热情呢?

心理学有一个领域叫环境心理学。环境心理学是研究环境与人的心理和行为之间关系的一个应用社会心理学领域。这里所说的环境包括物理环境（如噪声、光线）和社会环境（如人际关系）。研究表明，良好的环境能够减轻压力，提高工作效率。因此，新上任的主管要学会为员工营造支持性的环境。

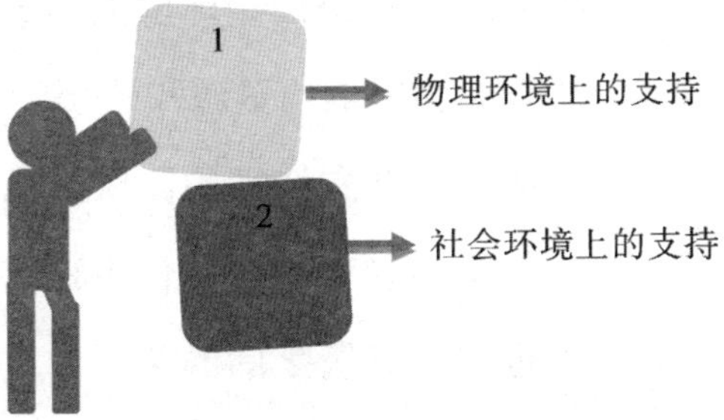

图 3-6　为员工营造支持性的环境

（1）提供物理环境上的支持

研究表明，员工喜欢的是舒适和不带任何危险的物理环境。因此，要确保员工能够顺利完成工作，就要给员工提供良好的物理工作环境。

第一点，合适的办公地点。办公地点噪声太大，会给员工造成压力，进而会影响工作效率。因此，如果条件允许，尽量选择噪声小的办公地点。

第二点，舒适的办公桌椅。需要考虑办公桌是否有足够的空间让员工摆放工作文件以及其他办公工具，椅子的舒适度也会影响员工的工作效率。

第三点，定期检查、维修或更新办公设备。例如，电脑、打印机等硬件设备，要定期检查、维修或者更新，以免给员工工作带来不便，影响工作效率。

当然，除了以上这些，办公室的光线、通风状态、清洁度等，也是影响员工工作的硬性条件。因此，作为主管要多观察、留意这些，以便为员工提供更全面、完善的硬性支持条件。

（2）提供社会环境上的支持

工作中所涉及的社会环境上的支持条件主要包括支持性的团队氛围、主管能够提供的资源和帮助、主管给予的精神上的支持等。

第一点，营造支持性的团队氛围。现如今越来越多的员工工作不只是为了金钱和荣誉，他们更追求快乐。他们常常会因为在工作中无法处理好上下级之间的关系，或者跟同事钩心斗角而离职。为了改变这种情况，促进团队协作，主管就必须为团队营造一个互相支持的团队氛围。例如，通过团队活动或者分组合作等方式促进相互支持、帮助，避免出现钩心斗角的情况。

第二点，为员工的工作提供资源和帮助。当员工在工作中遇到问题的时候，主管要及时提供支援和帮助。例如，员工遇到非常难搞的客户，主管就要分享自己的经验，或者给员工提供建设性的指导意见。

第三点，给予精神上的支持。员工需要的不仅是外在条件的支持，还需要精神上的支持。例如，主管要多鼓励员工、肯定员工、赞美员工，倾听员工的意见并积极采纳合理的建议。

工作环境和工作心态，是影响员工绩效高低的重要因素。因此，新主管不要一味强调员工要如何支持自己，还要思考如何给员工营造支持性的环境，让他们能够在舒适的环境下，愉快地工作。

Tips:

给员工营造支持性的环境，就相当于给他们打了一剂“助力剂”。

07 了解下属的优势，发挥团队每一个成员的强项

组建团队的目的是发挥团队每个人的优势，进行最优的资源整合，实现“1+1＞2”的效果。要做到这一点，就必须全面、充分了解下属的优势，发挥团队每个人的强项。

刘文在团队负责文案工作。一次，部门主管安排刘文为新产品写一篇宣传文案，并交代说：“负责做宣传图的设计有事请假了，你还要多花点工夫做几张新产品的宣传图放在文案中。”刘文深知自己不擅长作图，但是主管再三要求，他实在不好意思拒绝，只好硬着头皮答应。一周后，刘文因为苦于做图的事情，连文案都没有写好。新产品宣传活动因此搁浅，主管为此感到非常失望。

刘文的强项是文案写作，并不擅长做图。如果主管能够明确了解刘文的强项，让刘文花更多的时间和精力写文案，然后找专业的人解决宣传图的事情，结果一定会大有不同。所以，主管不要只是简单交代任务，还要让对的人做对的事情。这样做不仅能让员工获得成就感，也能提升团队的整体工作效率。

图 3-7　了解下属优势，发挥团队强项

（1）发现员工擅长什么、不擅长什么

要想发挥团队每一位员工的强项，形成更强大的力量，首先必须了解团队每一位员工的优势和短板，即他们擅长什么、不擅长什么。

要了解员工最擅长什么、不擅长什么，最简单、直观的方式就是查看员工的简历。一般简历上都要求员工填写自己的优势和不足之处。主管可以从简历上直观看出员工的优势和短板。但要注意的是，员工个人对自己的认识并不全面，因此，简历上的信息不可完全确信，需要通过实践进一步验证。

此外，要全面、深入了解员工的优势和短板，主管还要多关注员工的工作。员工擅长什么、不擅长什么在工作中都能表现出来。例如，擅长销售的人，跟客户交谈的时候比较自如；而不擅长销售的人，面对客户的时候，会表现得紧张、局促。

除了工作之外，还可以通过平时的活动或交流发现员工的优势和短板。团队一般会举行团建活动，或者一些小型交流会议。通过观察员工活动中的表现，也可以发现员工的优势和短板。例如，在一些小型交流会议中，某位员工常常有大家意想不到的想法出来，说明这位员工的创造力突出。

（2）根据员工的优势和短板，量身定制合适的目标和职责

只有当员工的目标和职责与员工的优势和短板相匹配的时候，他们的强项才能够得到更好的发挥。以产品研发团队为例：

⊙擅长设计的员工，负责设计方案；

⊙敏感度比较强的员工，负责调研市场，分析方案是否可行；

⊙组织协调能力比较强的员工，负责管理或协调管理，如跟进计划和掌控进度。

当员工能够负责自己所擅长的工作时，他们的潜能更容易被激发出来。而且通过这种方式，团队绩效也能够得以不断提升。因此，主管在深入了解员工的优势和短板之后，不止是要培训他们，补他们的短板，还要据此给每名员工制定合适的目标和职责。

团队协作的关键是每个人的优势和强项能够得以发挥。因此，对于主管而言，要懂得通过各种方式去了解员工的优势和强项，然后将合适的人放在合适的位置上。只有人岗适配，员工才能在工作中获得成就感，进而会全力以赴地完成工作。如果团队的每位员工都能如此，那么主管就不必为团队绩效担心了。

Tips:

发挥团队每一个成员的强项，是提高团队综合实力的关键。

08 员工之间产生矛盾，必要时出面“干预”

员工之间产生矛盾主管要不要出面“干预”？这个问题困扰了很多新上任的主管。

图 3-8　员工之间产生矛盾，主管要不要出面“干预”

他们之所以不知道如何回答这个问题，是因为存在以下两个顾虑：

第一个顾虑，如果主管出面，很可能会让小问题升级成更大的冲突，导致双方之间的关系更僵。

第二个顾虑，如果主管不出面，他们很可能会把这种矛盾和“仇恨”带到工作中，进而影响双方的工作效率。而且这种互相“斗争”的不良风气，也会影响到团队的其他员工，最终很可能导致整个团队氛围不和谐，工作效率降低。

综合以上两个因素来考虑，为了避免员工之间的小问题上升成团队的大问题，必要的时候，主管要出面“干预”。但要注意的是，站出来“干预”一定要掌握时机和技巧，避免产生更大的问题。

王总安排王芳和李强合作完成一个项目策划方案。王芳是一个非常较真的人，而李强则认为差不多就行，于是两人在合作的过程中冲突不断。其间李强说：“我觉得可以了，你要是有更好的想法那你自己完成这个策划方案吧，我不管了。”王芳听了非常生气：“你什么意思，领导让我们一起做的，我只是觉得可以更完善。实在不行就这样，到时候主管责怪下来我可不担责任。”

像王芳和李强这样因为工作意见不统一而引发矛盾的情况在团队中屡见不鲜。如果任由他们争吵下去，不仅无法完成工作任务，而且这种负面情绪会感染团队其他人，导致整个团队关系不和谐，进而影响团队效益。因此，为了避免员工之间的小矛盾升级成更大的问题，主管应该在必要的时候站出来“干预”。但要注意的是，“干预”必须找到合适的时机和方式，否则只会激化矛盾，结果只会适得其反。

（1）找准“干预”时机

找准“干预”时机是处理员工之间矛盾的关键。

上述案例中，如果王总一开始就站出来“干预”说：“你们工作要就事论事，不要因为一点意见不同就吵架。”很可能导致双方互相推卸责任而激化矛盾，因为这时候大家都在气头上。那么，什么时候才是最好的“干预”时机?

最合适的时机：当他们吵完，冷静下来后。情侣、夫妻之间通过吵架可以磨合感情。同样，员工之间也可以通过吵架磨合感情。此外，吵架还有可能激发出更多的想法和潜能。所以说，员工之间有矛盾、冲突，很多时候未必是坏事，主管应该正视这些矛盾。当员工之间产生矛盾时，主管要给足他们消化情绪的时间。这段时间，主管可以深入了解产生矛盾的主要原因，为后期的“干预”做好准备。员工也可以利用这段时间，好好反思。当主管明确产生矛盾的原因，产生矛盾的双方也冷静下来后，主管就可以出面“干预”了。

不得不“出面”的时机：当工作任务无法顺利推进时。双方矛盾激化后，彼此都不想理会对方，而主管交给他们的任务也就无法顺利完成。这时候，主管可以以“任务”为由进行“干预”。例如前面提到的例子中，王总可以把王芳和李强叫到一起，询问工作进度情况，以此给他们俩一个为自己辩白的机会。经过两人的描述，王总就可以了解事情的来龙去脉，以及两个人产生矛盾的根源。然后，王总就可以对矛盾进行“干预”：“我已经知道是怎么回事了。李强，首先我要批评你，我们在工作中就应该有王芳这种认真、负责、追求精益求精的态度！当然了，王芳也不能说完全没有责任，两个人一起合作的首要目的是把事情做好，不要有一点问题就撂挑子不干。这件事，我觉得……”如此一来，王芳和李强就会第一时间按照王总的建议把任务推进下去，不再纠结于眼下的个人矛盾。

（2）找到合适的“干预”方式

出面“干预”的方式不对，也会激化双方的矛盾。因此，主管不仅要把握好“干预”时机，还要找到合适的“干预”方式。

当两人都冷静下来后，采取非正式权力“干预”。非正式权力就是主管自身的影响力。例如，当员工之间产生矛盾时，主管可以单独约员工聊天，也可以把产生矛盾的员工约到一起聊天。聊天的时候，主管可以分享自己的经验，引导员工思考，让他们互相理解，进而有效化解矛盾。

当任务无法顺利推进时，采取正式权力“干预”。正式权力即组织赋予主管的岗位权力。同样以上述案例为例。当双方因为矛盾而无法按质按量完成工作时，主管可以按照团队的工作制度和标准要求他们严格执行。例如，要求他们必须在规定时间内，合作完成任务。如未完成，两人需要受到相应的惩罚，如果超额完成，也会受到相应的奖励。在硬性制度要求下，员工一定会放下各自的“江湖恩怨”，顾全大局。

当遇到非常要面子的员工时，要学会暗中“干预”。有些员工好面子，他们之间即便产生了很大的矛盾，也不希望主管把这件事情摆出来说。因此，对于这类员工，主管就要想办法暗中帮他们解决问题。例如，两人合作产生矛盾，主管可以停止他们之间的合作，或者为他们变换合作伙伴。

当矛盾不是很大的时候，要知道有一种“干预”叫作“不干预”。如果经过了解，发现员工之间的矛盾只是双方的小情绪，不会严重影响到工作，那么此时最好的“干预”方式就是“不干预”。

员工之间产生矛盾是非常正常的事情。但要注意的是，如果矛盾激化，影响员工工作效率乃至整个团队的工作氛围，那就是一件非常可怕的事情。因此，主管不仅要正视员工的矛盾，还要懂得在合适的时机采取合适的方式出面“干预”，有效解决矛盾，提升团队工作效率。

Tips:

必要时你必须解决员工之间的矛盾，团队才能形成合力。

09 团队需要不同的声音，让他们把话说出来

很多新上任的主管，管理员工就是让员工完全听从自己的安排。他们认为，只要员工能够服从自己，团队没有其他声音，大家就能齐心协力地完成目标。

实际情况却并非如此。如果团队只有主管一个人的声音，很可能导致以下问题：

⊙团队目标变成主管的“个人梦想”；

⊙主管做决策全凭主观想法；

⊙员工失去创造性和自主性；

⊙员工无法独立思考，不能发挥自己的特长；

⊙……

团队成员要听从主管的统筹安排，共同协作完成任务，但并不意味着团队的任何事情都是主管“一个人说了算”。美国著名的口香糖大亨小威廉·瑞格利曾指出：“商机是由提出不同意见的人发现的，当两个人意见总是一致时，其中一个的存在就没有必要了。”其实不只是在商业中，在小团队管理中同样如此。

团队的成功来源于“不和谐”的关系。团队要保持凝聚力不断成长、发展，就需要有不同的声音——不同的观点、思维、想法等。

（1）建立沟通渠道：鼓励员工表达想法

要想听到不同的声音，就必须给员工一个表达想法的渠道。一般来说，适合团队沟通的渠道有以下几种：

会议形式。会议是团队最常见的沟通渠道。很多主管只是将会议当成简单的日程安排或者“批斗大会”，导致很多员工不喜欢开会。真正意义上的会议，其实是一个双向交流最好的渠道。例如，主管可以制定一个“月末吐槽大会”。每个月末，员工都可以在会议上表达自己的想法、建议，或者吐槽工作中遇到的奇葩事情。

邮件或在线交流工作。很多员工比较腼腆，不喜欢当众表达自己的想法。面对这类员工，主管可以鼓励他们用邮件或在线沟通的方式，把自己想说的话说出来。例如，阿里巴巴杭州公司在2003年“非典”期间，全员进入了SOHO（在家办公）状态，全员通过电子邮件在线办公。这不仅是简单的联系方式，还将大家的信念、勇气、意志都联系在一起，进而提升了团队凝聚力。

面对面交流。面对面交流，是最直接的沟通方式。主管可以通过这种方式，真诚地跟员工沟通，引导对方真实地表达自己。这里要提醒主管注意的是，面对面交流要掌握合适的时机和方法。一般来说，不宜频繁找员工面谈，这样很容易让员工产生逆反心理。通常，在绩效考核结果出来后，或者月末总结大会之后，面谈是比较适宜的。

（2）减少恶性竞争，提倡良性竞争

当员工能够自由表达自己的想法时，团队就会因为各种不同的声音不可避免地产生矛盾和冲突。这个时候，为了避免出现激烈的对抗，主管要鼓励他们互相支持，以减少恶性竞争。这里要提醒主管注意的是，如果员工之间支持过度，会出现互相服从、停止对抗的局面，这样会导致团队失去创造力和创新力。

心理学中有一个著名的“鲶鱼效应”。“鲶鱼效应”来自一个小故事：

挪威人非常喜欢吃沙丁鱼，尤其是活鱼。市场上活鱼的价格会比死鱼的价格高出好几倍，所以渔民都会想尽办法，确保打捞上来的沙丁鱼能够活着运输到渔港。可是经过种种努力，大多数的沙丁鱼还是在运输途中窒息而死。但是有一条渔船，却能做到将大部分的沙丁鱼活着运回渔港。这个船长一直保守其中的秘密，直到他去世，这个秘密才得以揭开。原来这位船长在沙丁鱼槽里放了一条以鱼为主要食物的鲶鱼。鲶鱼进入鱼槽后，由于环境陌生，会在鱼槽里游动。而沙丁鱼为了避免被鲶鱼吃掉，便不停地游动。所以运到渔港的时候，很多鱼还活着。

“鲶鱼效应”其实就是一种良性竞争。同样，主管要想让团队充满积极性和创造力，也可以采取这种方式。而要引入“鲶鱼”，可以采取以下两种方式：

图 3–9 “鲶鱼效应”

第一种方式，从团队中调动“鲶鱼”。在不影响团队发展的前提下，要鼓励团队中那个敢于提出不同观点和意见的“鲶鱼”。在对方提出观点的时候，要给予肯定和支持，并号召大家向他学习。

第二种方式，从外部引入“鲶鱼”。如果团队景象过于“和谐”，那么主管就要考虑从外部引入“鲶鱼”，以激发团队的活力和创新力。

团队成员之间意见一致，内部关系十分“和谐”并非一件好事。**大多数时候，人们都是在“紧张”“冲突”“不和谐”的环境下，才激发出创意和潜能。**因此，主管不但不能反对不同的声音，还要想办法激发他们产生不同的声音，并且要建立渠道让他们把话说出来。

Tips:

如果你的团队成员都是沙丁鱼，那么他们很容易因为缺氧而窒息死亡。

10 赢人心，从叫出每个人的名字开始

带团队就是带人心。对于新上任的主管而言，做管理最难的不是团队成员不服从安排、团队工作任务难以达成、团队业绩目标无法实现，而是不容易赢得人心。

如何赢得人心？很多新上任的主管认为赢人心就是拉拢员工，例如，可以请他们吃饭，或者在工作上给他们一些“小恩小惠”。事实上，对于主管的这种拉拢行为，员工并不想埋单。他们甚至会认为主管品质有问题，进而会选择敬而远之。

赢人心不等于刻意拉拢。赢人心的关键是发自内心的真诚，是对员工最基本的尊重。这种真诚、尊重会产生一种引力，吸引员工不断靠近你。

如何做到真诚和尊重，以此赢得人心？从叫出每个人的名字开始。

有人会说，名字只是一个代号，只要知道是在叫谁就可以了。但事实真的是如此吗？

之前工作中有一个同事名字很有趣，叫汪淼（yuān）燚（yì）。这个名字的确很难记，平时朋友都会打趣地喊他“汪水火”。但凡有人能够叫出他的全名，他都会主动

上前握住人家的手万般感谢。他在公司的产品部工作了两年，他们主管平时喊他都是“那个谁”“汪那个什么来着”“那个汪”“小汪”。

平时主管这么叫他，他也不是十分在意。但是有一次会见一个客户的时候，主管介绍说：“这是我们团队的小汪，以后他负责跟你对接工作。”小汪立刻自我介绍说：“你好，我叫汪淼燚。”事后，他内心仍然不平，于是跟主管说希望下次跟客户介绍的时候，可以介绍他的全名。主管却笑着说：“这么叫不是很正常嘛。团队十来个人，你的名字又难记，我也记不住啊。”此后，主管每次叫“小汪”的时候，他都特别有情绪，甚至对主管的意见很大。

百度数据显示全国汪姓人士有456万人左右。这个庞大的数字表明，如果你记不住他的名字，只喊他“小汪”，会瞬间将“汪淼燚”这个人淹没在456万人中。这对“汪淼燚”来说，就是一种不尊重。

美国成人教育学家戴尔·卡耐基曾经说过：**记住别人的名字并轻易呼出，你即对他有了巧妙而有效的恭维。**名字表面看上去只是一个简单的代号，但它却是区别一个人与另一个人的重要标志。每个人的内心都渴望别人能够记住并叫出自己的名字。因此，

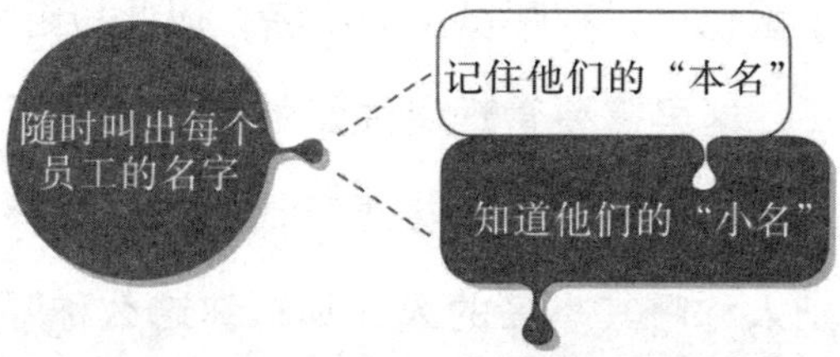

图3-10 叫出每个人的名字

主管要想赢得员工的心，请花一点时间记住他们的名字。

（1）记住他们的“本名”

本名是伴随着出生而来的。一般来说，本名都赋予了一定的含义，如汪淼燚的爸爸希望他以后混得风生水起，他的妈妈则希望他既能像水一样温柔又能像火一样温暖周围的人。所以，无论汪淼燚喜欢别人叫他“水火”还是叫他“四火”，你都要记住他的本名，这是对他最基本的尊重。

但并不是任何时候都要称呼本名。很多时候，叫本名会让人有距离感。一般来说，在表扬他人和正式场合时，要称呼对方本名。

首先，表扬员工的时候，一定要说出员工的本名。如汪淼燚获得本月绩效第一名，如果表扬他时这样说：“小汪获得了本月绩效第一名”，激励效果会大打折扣，甚至会让他下次不再愿意被这样公开表扬。

其次，正式场合要称呼本名。如会议上，或者介绍员工给客户认识的时候，一定要说本名。这样做既是对他人的尊重，也是对员工的尊重。

（2）知道他们的“小名”

大多数人都有自己的小名，如身边的朋友称呼汪淼燚为“水火”或者“四火”，这样称呼就可以拉近彼此之间的距离。同样，主管也可以称呼员工的小名，以此拉近跟员工之间的距离。

这里需要管理者注意的是，不要听到团队其他成员称呼某名成员的小名，你就直接跟着他们一样称呼。如果对方是一个非常忌讳别人称呼其小名的人，那么你这么称呼他，不仅不会拉近距离，反而会让对方心生厌恶，对你敬而远之。因此，即便知道了员工的小名，也要真诚询问他们，除了本名，还可以怎么称呼他，或者问员工喜欢什么样的称呼。称呼只有得到员工亲自“认证”的小名，才会拉近彼此的距离，赢得他们的心。

叫出对方的名字，是表达尊重的开始，也是赢得人心的关键。因此，主管要多花点时间和心思，记住团队每个人的名字，并做到能够轻易呼出他们的名字。

Tips:

最简单、最明显、最重要的得到好感的方法，就是记住对方的姓名，让对方感觉自己受到了重视。

11 把你的“正能量”扩散到团队里

人聚在一起不叫团队，心聚在一起才叫团队。心能够聚在一起的人，往往都是对未来充满希望、不畏挑战、下定决心要达成目标的人。他们身上的这些特质用一个网络名词来表示就是“正能量”。

如何打造一支有“正能量”的团队，带领他们创造奇迹？物理学指出，自然界有磁场，磁场具有强大的吸引力。同样，人也是有磁场的，能够通过自身的“正能量”吸引同样具有“正能量”的人聚在一起，进而形成一个有“正能量”的团队。

团队中不乏这样的人，他们常常抱怨工作，抨击自己的上级和同事，每天都“负能量”满满。这种“负能量”会严重影响到团队其他员工，最终会导致整个团队的工作积极性下降、团队效率降低。

我曾经有段时间很烦，因为有个朋友每天晚上都给我打电话吐槽自己的公司：“公司人手不够，忙不过来，而且工作难度大，我觉得自己根本做不好……”基本上他每天吐槽的内容都是这些。我劝他说：“你这样天天吐槽也解决不了任何问题。工作是一个双向选择的过程，你要是不开心可以选择离开，毕竟开心才是最重要的。”但是他并没有离职的意思，还跟我说：“你以为离职那么简单吗？”那段时间我被他搞得特别郁闷。即使原本我对工作信心十足，也开始变得异常浮躁，导致工作难以推进。

很多时候，主管要担心的不是团队中能力差的员工，而是那些在团队中传递“负能量”的员工。“负能量”就像病毒一样，传播速度快，传播范围广，伤害性极大。而要对付这种“恶势力”，最好的办法就是在团队中注入“正能量”。

（1）自身成为“正能量”的化身

主管是团队的“领头羊”，其行为和表现都会被员工效仿。因此，要想把“正能量”传递到团队中，主管自身必须成为“正能量”的化身。

面对事情要积极、主动。在带领团队执行任务的时候，主管一定要走在员工的前面，积极、主动地帮助员工解决问题、完成任务。而不是在面对问题的时候推卸责任，躲在员工的后面，这样无疑会让员工充满“负能量”。

对自己和团队始终充满信心。“负能量”满满的人基本上都是对自己缺乏信心的人。因此，作为主管一定要对自己和团队始终充满信心。例如，主管可以在安排任务的时候跟大家说，“我相信自己，更相信我的团队”。

当主管成为“正能量”的化身时，员工便会效仿这种行为，进而会让全体员工变得更加积极、主动、自信，充满“正能量”。

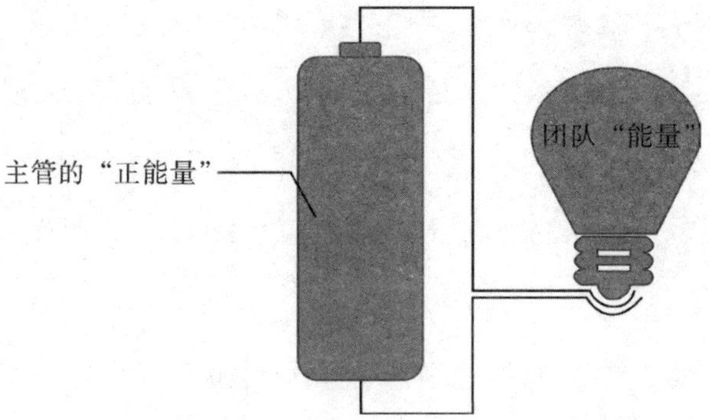

图 3-11　将主管的“正能量”扩散到团队中

（2）帮助员工找回自信

在工作中，常常听到一些人抱怨：“我想做，但是我怕做不好”“我不行的”“我的能力就只能做这件事”等，这些“负能量”就是源自他们的不自信。对于这种缺乏自信的员工，主管要做的就是帮他们找回自信，给他们带去“正能量”。

帮助员工找到自信，可以采取教练法中的提问方法，即通过提问的方式跟员工沟通，激发员工的潜能，引导员工改变自己的行为，自行找到解决问题的办法并积极行动起来。

主管问：“你认为自己是否有把握做好这件事？”

自信心不强的员工可能回答：“我怕我做不好。”

主管继续问：“你每一次都做得很好，这一次像之前一样做就可以。现在还认为自己做不好吗？”

这时候员工就会思考，自己平时的表现不错，没有遇到过什么问题，并且主管十分认可自己，他的信心就会大增，一定会选择继续完成任务。

主管除了可以利用教练法帮助员工找回自信外，也可以教会员工进行“自我教练”，即员工通过自我提问的方式进行自我提升。例如，当员工工作绩效不佳的时候，员工可以问自己，“为什么工作绩效不佳”“我在哪些方面存在问题，这些问题是不是能够改进”“我要如何改进”……当员工能够提问自己这些问题进行自我教练时，那么他们也就会充满“正能量”，不会再抱怨外界的问题，而是会从自身找原因，不断改进自己。

（3）向员工的潜意识里输入“积极意象”

“潜意识”是心理学中的术语，是指人类心理活动中，不能认知或者没有认知到的部分，是已经发生但并未达到意识状态的心理活动过程。虽然这部分意识无法被觉察，但是却能够对我们的行为产生很大的影响。从某种程度上来说，团队是否拥有“正能量”，就看员工的潜意识是否积极。

工作中，如果总是听到主管夸自己“你能力很强”“你真的很优秀”等，那么我们的潜意识就会被植入“我是个能力很强的人”的意识。在这种意识状态下，我们遇到困难会更积极去克服，并且会不断地提升自己。反之，如果主管总是责备自己“你的表现太让人失望了”“这种低级错误怎么能犯呢”等，那么这个时候我们即便有能力做好一件事情，也会被“自己很差”这种潜意识打败。

因此，作为主管，要想让自己的团队充满“正能量”，就要向员工的潜意识里注入“积极意象”。例如，在员工表现优秀的时候，及时赞美员工；或者在员工遇到困难的时候，不断鼓励员工，让他们认为“他们是最棒的”“他们是最勇敢的”“他们是最智慧的”……

任何一个高绩效的团队，一定拥有一群乐观、有爱、互帮互助、积极向上的员工。主管要想打造一支高绩效团队，就要想办法把“正能量”扩散到团队里，让团队员工成为乐观、积极向上的人。

Tips：

给团队输入“正能量”，激活团队，创造奇迹。

第 4 章

员工管理：让下属自发动起来

新上任的主管最担心的问题是“员工不听从我的安排怎么办”“他们会不会执行任务”等，这些问题归根结底是员工的管理问题。而要激发员工的动力和激情，就要表达期望、给予支持和帮助、突出他们的贡献等。

01 表达对下属的期望

何为“期望”？期望是指人们对某样东西提前勾画出的一种标准，达到了这个标准就满足了期望值。例如，有的员工的期望是“28号前完成当月任务”，有的员工的期望是“月薪过万”。一旦明确了工作上的期望，员工就会因此对工作更有动力。

同样的道理，如果主管希望员工有明确的工作方向、完成工作目标，那么主管就要清楚地表达对员工的期望。

（1）明确描述期望，帮助下属锁定方向

向下属交代任务的时候，必须明确向下属表达自己的期望，让下属清楚地知道你希望他达到什么标准、得到什么结果。

很多主管会说：“我几乎每天都在向我的员工表达期望，但是并不见他们因此自发行动起来，实现我的期望。他们以前怎么做现在还怎么做，我的期望并不会改变他们的行为。”为什么会这样呢?

“期望”，看上去就是一个非常梦幻的词，但是具体来说，期望其实就是一种目标。如果你能够让这种目标更加明确，员工的行为标准就会更加具体，员工的主动性和积极性就能得到提升。

例如，销售主管常跟员工说，“我期望你能创造更高的业绩”“我期望你能提升自己的销售能力”……但是何为“更高的业绩”“提高自己的销售能力”，并没有一个明确的衡量标准。员工为了不辜负主管的期望，会认真回答：“好的，我会的。”但实际上，他们并不清楚如何改进自己的行为才能达到主管的期望。这时候，期望就变成了一种无效期望。

反之，如果主管说“这个月对你的期望是，月末绩效考核成绩能进入团队前三名”“你上个月成交了5单，希望你这个月能成交7单”等，那么这样的期望就十分明确、有效了。员工会知道，“我要争取挖掘更多的客户，了解并满足客户的需求，以成交更多的单子，达到主管的期望”。

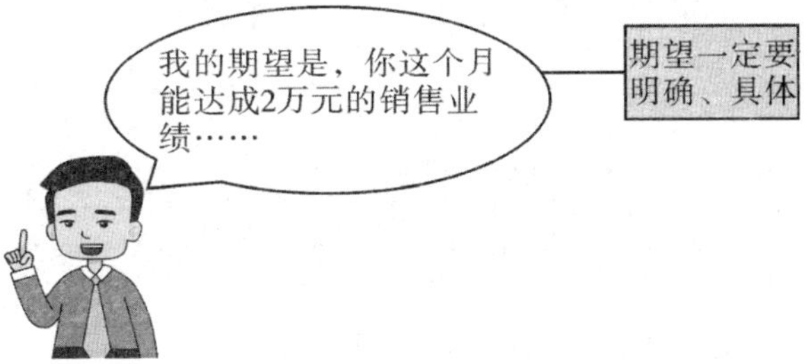

图 4-1　主管对下属表达期望的关键点

只有期望变得明确、具体了，员工的行为才能明确、具体。

首先，该期望是可衡量的。明确、具体的期望一定是可以衡量的。因此，主管在表达期望的时候，一定要有明确的衡量标准。例如，主管要求某员工月末进入团队绩效考核前三名。该期望的衡量标准是团队绩效考核制度。这个目标就非常明确，可以衡量，且有非常重要的行为指导意义。

其次，该期望一定要有明确的时间期限。没有明确的时间期限的期望，无法激励员工积极主动地行动。

为了明确这一点，我们比较一下这两句话：

第一句话，“我希望你今天下班前要完成一笔签单”。

第二句话，“我希望你完成一笔签单”。

第一话有明确的期限“下班前”，会因此驱动员工在该期限内积极、主动完成任务。而第二句话，虽然表达了期望，但是没有期限，无法给员工造成紧迫感，进而无法激发员工的主动性，导致期望最终无法达成。

最后，该期望一定是可以达成的。期望过高则无法实现。因此，主管必须根据员工个人情况以及整个团队的发展情况来表达合理期望。例如，对于一个业绩垫底的员工，你对他的期望不应该是“业绩第一名”，而是期望他能够顺利完成任务。

（2）肯定他们的最终结果，表达下次期望

达到期望自然是一件高兴的事情，但是现实和期望之间有时候还是有一定差距的。有时候即便努力了也未必能达到期望。面对这种差距，有的主管会大发雷霆，认为问题全在员工；还有的主管选择无视，似乎有没有达到都无所谓。无论哪种做法都会大大挫伤员工的积极性。

最终结果无非有两种情况：一种是没有达到期望，另一种是达到了期望。那么，面对这两种结果，主管要如何做才能进一步激发员工的积极性和主动性?

第一种情况：没有达到期望。对于没有达到期望的员工，不要过于求全责备，要学会看到他们的成长和进步，并肯定他们的最终结果，以增强他们在以后工作中的自信心。例如，主管可以说：“虽然你没有达到目标，但是你在执行过程中遇到困难时能够临危不乱，把任务推进放在首位，表现非常好。希望你再接再厉，争取下个月实现目标。”这时候表达期望，对员工来说是一种莫大的鼓励，他们一定会更加有动力和积极性。

第二种情况：达到了期望。达到了期望是一件非常值得开心的事情，但不要把这认为是一件理所当然的事情。如果无视员工的成功，他们下次很可能不会再积极主动地完成任务，达到你的期望。因此，在员工达到期望的时候，要及时表扬、赞美员工，并表达下次期望，以激发员工创造出更好的业绩。例如，主管可以说：“你这次的项目设计非常有创造力，我对你的表现非常满意。希望下个月你能完成两个这样的项目设计。”

表达期望最终目的是通过期望激发员工的主动性和积极性，让他们能够自发行动起来，为团队创造更多的效益。为此，主管不仅要掌握表达期望的方式和技巧，还要懂得如何肯定“未达到期望”和“达到了期望”这两类员工的最终结果，以提出进一步的期望，激发他们更多的动力和潜能，实现团队效益最大化。

Tips:

期望是来自未来的一束光，你要让这束光照到团队中，指引员工前行。

02 用更多精力支援你的下属

新上任的主管大都是以自己的工作目标为主，很少会花精力支援下属。他们不是不想支援下属，而是“害怕”支援下属。刚上任的主管，对自己能否坐稳这个位置没有底气。这个时期，下属对他们来说属于一种威胁。他们会担心，一旦下属的能力比自己强，下属的业绩比自己好，自己不但会很没面子，职位也可能会受到威胁。在这种情况下，他们想必是不会支援下属。

优秀的主管却不会这么想。主管的角色是让下属去完成任务。只有通过下属完成了工作目标，才是合格的主管。此外，评价一个团队如何，考核的一定不是主管个人的能力和绩效，而是团队的整体绩效。

阿里巴巴集团在2003年春节后，实行了陪访制，主管在新员工工作的时候要进行陪访。

阿里巴巴的“铁军”成员罗庆元就是在这种陪访制度下成长起来的。当时，他的主管周俊巍跟他说：“我是你的主管，未来你要每个月做金牌销售。”金牌销售的业绩相当于罗庆元之前一年的业绩。为了帮助罗庆元达到这个目标，周俊巍坚持每天陪访。刚开始是周俊巍说，罗庆元做。到了后来，就是罗庆元自己说，周俊巍配合。随着罗庆元能力的不断提升，最后他已经不需要周俊巍陪访，自己就可以轻松搞定客户。只有遇到特别难搞定的客户时，周俊巍才会亲自出马帮助他收单。

阿里的这种陪访制度其实就是在指引主管用更多的精力支援下属。当下属的能力不断提升，他们就会主动脱离主管的支援而自发行动起来，以创造更高的业绩。

那么，主管应该如何支援下属，让下属能够更加自信、更加积极地完成任务？

图 4-2　支援下属的方式

（1）不要声张你在支援他们

人们一般会在自尊心、成就感得到满足，即通过自己个人的努力实现自己目标的时候，感到特别开心，而且这种积极的情绪会让他们在以后的工作中更加努力。因此，主管在为员工提供支援的时候，一定要懂得保护他们的自尊心、成就感和满足感，切忌声张你在帮助他们。否则支援不但不能激励员工积极行动起来，反而会让他们变得更加消极。

某团队有一名员工，在执行任务的时候，主管总是会给他提供很多帮助。月末绩效考核的时候，该名员工取得了很好的成绩，受到了公司高层领导的表扬。但是他并没有因此感到特别高兴，因为主管在团队里说：“某某之所以能够拿到这样的好成绩，都是因为我给他提供了很多帮助。”

也许主管只是想表达自己在支援员工，但是这种方式不仅会让员工误认为你在“邀功”，还会让员工明显地感觉到“被支援”的羞愧。“被支援”与“主动寻求支援”不同。“主动寻求支援”说明员工能够认识到自身能力不足，希望获得主管的支援。而“被支援”说明只是主管认为员工的能力不足，需要提供支援，但是员工则认为自己可以完成任务。这种感觉会给员工造成的困扰是：如果没有主管的帮助，我一定做不出这样的好成绩。进而会不断否定自己，最终会丧失对工作的积极性和动力。

真正有效的支援是，在员工必须得到支援才能顺利完成任务或者得到支援可以取得突破性进展的时候不知不觉地进行。要尽量不让他们知道你在帮助他们，要让他们认为“自己一个人也能做得很好”。即便员工已经觉察到来自你的支援，你也要否认这件事，把功劳都归于员工，肯定地跟他说：“都是你自己努力的结果。”

（2）最好的支援方式是：授之以渔

正所谓“授人以鱼不如授人以渔”，直接送鱼给他人，不如教会他钓鱼对他的帮助更大。同样，支援员工不是直接给他们问题的答案，而是要教会他们思考的方法，让他们遇到问题时，能够自己主动思考，找到解决问题的答案。

有些主管已经认识到授人以渔的重要性，并且尝试实践。但是他们很快会发现，当自己教给员工处理问题的方式后，员工却认为“要不是主管跟我说，我一定不知道这个方案还能这么做”“如果不是主管教会我这种方式，我一定无法做得这么完美”“要是主管不教我，我也能做这么好那就完美了”……这样的想法显然会让员工陷入自我否定和消极情绪中。所以，授人以渔也要讲究策略。

我们先思考一个问题：当我们遇到一个非常饿的人时，我们能帮助他的方法是什么？通常我们会想到三个办法：

⊙给他面包；

⊙教给他做面包的办法；

⊙引导他主动探索“如何解决食物问题”。

如果那个人处于十分饥饿的状态，最好的方式就是直接给他面包。但这样做后果是，下次他饿了的时候，可能就只想找到现成的面包充饥。所以，给了他面包之后，还要教给他做面包的方法。

但是他如果没有做面包的面粉，他做不了面包还是会挨饿。因此，最根本的办法是引导他去思考，让他自己去探索解决食物问题的方法，让他能想到“如果没有面粉了，我还可以去挖土豆”。这样，当他下次再饿的时候，就知道积极思考“如何才能不挨饿”。

用这种方式支援下属，会让他们认为“我真厉害，居然能有这么棒的想法”。这样的想法所激发出来的行动力价值，可能比你帮他解决一百个问题所创造的价值还大。所以说，支援下属的时候，“声音”要轻，要让下属觉得一切都是凭借他们自己的能力得来的。

Tips:

支援下属要做到“润物细无声”。

03 通过提问引导员工主动思考和解决问题

员工遇到问题的时候，大多数主管的做法是直接给出答案或者建议。但是他们很快会发现，一段时间后，员工可能还会拿着同一个问题来寻求你的帮助。为什么会出现这种情况？因为直接给答案，员工省去了思考的时间。这个时候他们是在被动地、机械式地接收你的答案。而人一旦不思考，就会停止进步，下次无疑会犯同样的错误。

所以，对于主管而言，帮助员工解决问题最好的方式不是直接给员工答案，而是要通过提问的方式，引导员工自己主动寻找解决问题的方案。

全球性信息科技公司惠普公司的人力资源部经理珍·哈洛朗曾经说过：**“要激励他人，领导必须克制给人建议的冲动。当别人求助于领导时，领导应该用提问的方式让他们自己找出问题的答案。”**提问能够引导人深入思考问题、主动寻找解决问题的答案。等到下一次他们再遇到类似的问题时，甚至不需要主管提问，他们就会进行自我提问、自我引导，进而更快地解决问题。

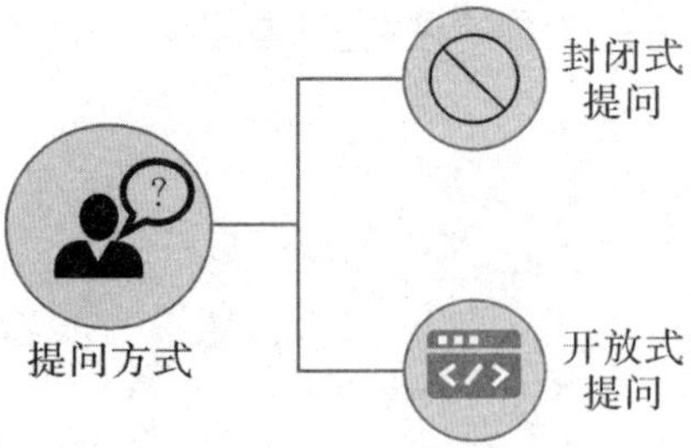

图 4-3　提问方式

一般来说，作为主管必须掌握两种提问方式。

（1）封闭式提问：切断对方的思路，把话语权拿回自己手中

封闭式提问是指提出答案具有唯一性、范围较小、有限制的问题，通常可以用“是”“不是”“好”“不好”等词语做出直接的回答。封闭式问题，不需要经过大量思考，便可以做出回答。

很多人会想，既然不能引导对方思考，这类问题还有问的必要吗？封闭式问题，不能引发对方深入思考，但是能够帮助对方快速进入对话状态，更有利于下一步提出开放式问题。封闭式问题有以下几个优点：

缓解气氛，帮助员工进入对话状态。如果一开始直接问员工“你是怎么想的”，很可能会让员工处于茫然的状态。因此，开场的时候可以提出员工能够直接回答的封闭式问题，以缓解气氛，营造和谐的对话状态。如可以问“最近工作忙吗”“工作顺利吗”等。

确认对方的说话内容。要确保自己是不是听懂了对方的想法，主管可以问“你刚才表达的是这个意思吗”。只有确保听懂了对方所表达的内容，沟通才是有效的，主管才能进一步提出合适的开放式问题，引导员工深入思考。

总结结论或做出结论。当双方交流结束后，要对交谈内容进行总结或者做出结论时，可以用封闭式提问，如“接下来你的业绩目标是……对吗”“明白自己接下来需要完成的任务了吗”。

拿回话语主动权。在律政剧中，律师提问时常会采用封闭式问题，并要求对方只回答是与否。如“你认为对方可能会伤害到你，所以你才会攻击对方，是不是”“好，那我是不是可以这样理解……”这种封闭式的问题，其实是在引导对方朝着自己想要的方向思考。

通常来说，封闭式问题更适用于对话开始或结束时，可以确保得到自己想要的答案。

（2）开放式提问：引导对方深入思考、主动寻找问题的答案

当员工进入了对话状态，这时意味着主管掌握了话语权，接下来主管就要采取开放式提问，引导他们进一步深入思考。

开放式提问是指提出比较广泛、概括、范围较大的问题，对回答的内容限制不严格，能给对方自由发挥的余地。换句话说，不能用“是”“不是”“可以”“不可以”等直接回答，要经过深入思考才能给出问题的答案。

开放式提问有两个非常重要的用途：

推进对话，引导对方深入思考。例如，可以问员工“你是怎么做到这么好的业绩的”“最近工作上遇到什么困难了吗”，员工不能用简单的“是”或者“否”来回答，他们需要进行深入的思考。

挖掘更多细节，让对方自己寻找问题的答案。如可以提问员工“对于这一问题你的看法是什么”“如果要改进，你会采取什么样的方式”“你认为这么做的优点是什么、缺点是什么”。面对这些问题，员工必须积极思考，才能寻找到问题的答案。

开放式提问，一般有以下六种类型。

第一种：引人反思型问题。引导对方反思自身问题，如“你和其他员工处不好的原因是什么”“你觉得你这次出现失误的主要原因是什么”。

第二种：探索性问题。帮助对方打开新视野，如“你有没有想过这样做”“如果采取这种方式呢”。

第三种：情感式问题。询问对方对某件事情的感受，如“你对这次晋升有什么想法”“你对人事调动的感受是什么”。

第四种：调查式问题。获取更多资料和信息，激发对方进一步思考，如“你深入描述一下这件事如何”“你对这件事情做一个详细的阐述如何”。

第五种：关联型问题。建立系统化、逻辑化的观点，如“这么做的后果是什么”。

第六种：剖析式问题。剖析导致这一问题的原因和征兆，如“为什么会出现这种问题”“哪个环节出现了错误”。

在提出开放式问题的时候，主管要注意的是，这时候你已经将大部分的话语权交给了员工。如果员工一直喋喋不休也未必是件好事，很容易让主管陷入对方的思维误区。这时候要拿回话语权就要采取封闭式提问，或者引导对方回答自己提出开放式的问题。所以说，封闭式提问和开放式提问要互相结合，才能让提问达到最好的效果。一般来说，**封闭式提问与开放式提问的比例大致在2∶1为最佳。**

著名管理学大师彼得·德鲁克曾经说过：**“未来的管理者不在于有多能说，而在于有多能问。”**问题问得越好，就越能引导员工把问题看得透彻，进而让他们更快地获得更好的解决问题的方法。

Tips:

员工与员工之间最大的差距在于会不会思考，而主管与主管之间最大的差别在于会不会提问。

04 给下属自主选择权

坐上主管的位置后，大多数人憧憬的是：我说一，员工就做一，没有我的指示，他们绝不做二。这种情况下，主管拥有绝对的权力，同时员工也失去了自主选择权。久而久之，主管会发现，员工的任何事情都需要由自己安排，他们既缺少工作积极性，又缺少主观能动性。长此以往，员工就成为只会听命于主管的“工作机器人”，无论是对员工个人，还是对主管个人以及团队来说，都是一件极为可怕的事情。

一旦员工认为是主管“要我做”，他们在工作中的行为可能是：

⊙反正我也不能选择，主管要我做什么我就做什么；

⊙虽然我认为这件事不对，但是主管要这样就这样吧；

⊙虽然有更好的改进方法，但是主管不知道，我就不要提出来，不能没事找事；

⊙……

反之，如果给员工更多的自主选择权，那么他们的思维也会随之改变，从被动的“要我做”变成主动的“我要做”。与之对应的行为也会不一样：

⊙我要选择自己擅长的工作；

⊙我对这件事情比较感兴趣，我一定能做好；

⊙这个方案其实可以更好，我要把这个想法告诉主管；

⊙这个问题已经很严重了，我必须跟主管汇报，及时解决这个问题；

⊙我要做好，我坚定自己的选择没有错；

⊙……

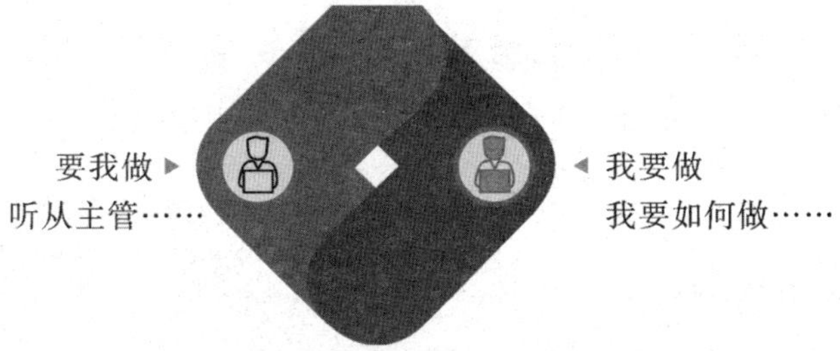

图 4-4　“要我做”和“我要做”

从“要我做”跟“我要做”这两种思维模式下的行为对比可以看出：一旦员工有自主选择权，他们就会自发思考，争取做出更好的选择；而员工如果没有自主选择权，他们会“自暴自弃”，认为一切都掌控在主管手里。因此，要想激发下属的主动性，让他们自发行动，主管就应该适当地把一些选择权放到下属的手里。

（1）工作任务选择权

以前人们能够找到工作就是一件很幸福的事情，但是现如今经济发达，企业遍地开花，找一份工作并不是一件难事。相反，对企业而言，招聘人才却成了一件难事。以前，企业占据主导地位，选择权基本掌握在他们手里。而现在，工作是一个双向选择的过程，你选员工的同时，他们也在选择你。

如果主管仍然秉持传统思维，在工作中根据自己的想法给员工安排工作，员工很可能会因为没有自由、没有选择权，而决然离去。尤其对于新时代向往自由的员工而言，这么做的可能性更大。因此，要想留住员工、激发他们的自主性，主管就要改变自己的管理思维，不能“独揽大权”，替员工做选择。给员工自主选择工作任务的权利，反而更能激发他们的动力和积极性，进而不断提高工作效率。

例如，主管可以根据任务性质将任务分解成若干份。以销售团队为例，主管可以将销售任务分解成：收集客户名单、跟客户洽谈项目、售后服务等。员工可以根据自己的兴趣爱好以及个人能力选择自己喜欢的任务。

员工自主选择自己想要做或者喜欢做的任务，是一个主动的过程。而执行领导安排的任务，是一个被动的过程。心理学研究表明，主动认领任务更能满足员工内心的掌控欲，进而激发他们执行任务的动力和积极性。

（2）工作方式选择权

主管要给员工自主选择任务的权利，更要给员工自主选择工作方式的权利。如果你总是要求员工按照你的方式开展工作，很快员工就会丧失动力和积极性。但是，如果你可以让他们自主选择完成工作的方式，他们一定会积极思考，找出更高效的方式完成任务。

某销售团队负责人给团队每名员工安排的任务是每月完成4单，完成任务的方式不限定。员工李军非常擅长电话销售，他采取电话销售的方式完成了4单。而员工张伟非常不喜欢打电话，他喜欢当面跟客户洽谈。于是他采取了面对面的交流形式，成交了4单。

李军和张伟选择了自己擅长的工作方式，虽然工作方式不同，但是他们都顺利完成了任务。相关研究表明，人们在自主选择自己擅长的事情时，会对自己的幸福感、积极性和表现产生积极的影响。所以，只要能够完成任务，就不要限定他们完成工作的方式。

主管要知道最懂员工的一定是员工自己。他们清楚地知道自己喜欢什么、擅长什么、对什么样的任务感兴趣。如果他们能够根据自己的兴趣和能力，选择自己擅长的任务和完成任务的方式，他们就会从被动的“要我做”变成主动的“我要做”，进而自发行动起来，更加高效地完成任务。

Tips:

给员工自主选择权，是在激活员工的思维，进而能够激发他们的动力和积极性。

05 激发竞争意识

无论个人能力如何，在刚进入公司时，员工身上都带着一股干劲，对工作充满热情和积极性。但是工作一段时间后，这些人的积极性会逐渐降低。也许你认为他们做事“只有三分钟的热度”，但你有没有想过是什么浇灭了他们的激情，要如何激发他们的热情和工作动力?

员工当初对工作的满腔热情之所以渐渐消退，无外乎以下几个原因：

⊙对工作环境和流程越来越熟悉，压力逐渐减轻，员工会处于完全自我放松的状态；

⊙已经完全适应了工作节奏，养成了“差不多完成任务就行”的散漫的工作态度；

⊙工作越久越觉得工作没有新鲜感、很无趣，对工作没有动力和积极性。

归根结底，导致这些原因的关键是——缺乏竞争意识。一个有竞争意识的团队，员工每天都会面临适当的工作压力。在这种压力下，他们不得不自发行动起来，去创造更高的绩效。

具备竞争意识的团队，给员工带去的不仅是压力，更是“新鲜感”和“趣味”，而这些是激励员工自发行动起来的关键。

美国有一家铸造厂，效益一直都不是很好。员工的表现则是“缺席”“没有干劲”“迟到早退”等。这些行为导致该厂经常不能按期交货，经销商抱怨连天。该厂的经营者不得不想办法来解决这个问题。

该厂采用的是昼夜两班轮流制。员工要下夜班的时候，他在厂门口拦住一个员工问：“你们的铸造流程一天可以完成几次？”员工回答说：“6次。”经营者听完没有说话，而是用粉笔在地上写下“夜班完成次数：6”。紧接着早班的员工开始陆续进入工厂上班，他们看到地上的数字“6”，心想一定不能比夜班完成的次数低。于是他们当天努力完成了7次铸造流程，并用粉笔在地上重新写上“日班完成次数：7”。到了晚上，夜班的员工为了刷新纪录，完成了10次流程，并用粉笔在地上写上“10”……一个月后，该厂不但能够按时交货，生产量也飞速上涨，客户的口碑也迅速提升，工厂的盈利因此取得了突破性增长。

该主管用一支粉笔，就提升了员工的士气和动力。员工的这些动力到底从哪里来的？来自竞争意识。一旦有了竞争意识和竞争对象，人们就会自发行动起来。

那么，如何激发员工的竞争意识？

（1）让员工的“能力”看得见

很多主管会把员工的绩效成绩贴在办公室公告栏上，或者把员工当月的绩效奖金贴在上面，这其实就是激发员工竞争意识的一种手段。

但主管要注意的是，最好不要把所有人的绩效成绩全都贴出来，因为这对于那些绩效差的员工来说很可能会是一种打击。主管可以将绩效成绩前三名或者前五名的业绩张贴出来，具体展示几名要根据团队人员的数量和员工的心理承受能力而定。

当然，仅仅张贴一张绩效榜单还不够，要想激发更强烈的竞争意识，主管还要将团队的整体绩效成绩单通过邮件或者打印文件的方式传递给每一名员工，让他们清楚地看到自己的能力，看到自己与其他员工之间的差距。在员工明确这些差距后，可以让他们制订一份赶超计划。该计划的内容包括：我跟其他人的差距是什么，我有哪些优势、劣势，我下一步要达成什么样的成绩，我要如何做……只有明确这些，竞争意识才能越发强烈，员工才能更加主动、积极地行动起来。

（2）制订竞争奖惩机制，以奖励为主

如果在工作中表现优秀可以获得奖励，也能激发员工的竞争意识。因此，主管可以制订竞争奖惩机制。在制订奖惩机制时，要以奖励为主，辅助一些惩罚措施。惩罚措施太严厉，容易导致员工为了避免惩罚而“不择手段”，也容易挫伤员工的积极性。

（3）竞争范围要足够大，人数要足够多

古典自由竞争理论指出：**为了使竞争运作起来，参与竞争的人数要足够多，范围要足够大。各方的人数越多，竞争就越不容易产生不良效果。**

由著名主持人马东和蔡康永主持的网络综艺节目《奇葩说》，从第一季到第五季，一路获得无数好评，斩获无数“粉丝”。《奇葩说》是一个辩论节目，每场辩论双方各有3～4名辩手。除了辩手，辩手背后第二排、第三排的队员在所有辩手表达结束的时候还可以“奇袭”对方。有的观众对《奇葩说》的评论是“一堆文化人的吵架活动”。这种活动的特质是，每个人都有强烈的竞争意识，在辩论的过程中，他们会想方设法驳回对方的观点，以获得胜利。

我们不妨设想一下，如果《奇葩说》中辩论的双方都只有一名辩手，他们在台上会是什么情况？两个人在“吵架”。两个人的“吵架”，会出现“吵”着“吵”着就“思维枯竭”，不想继续“吵”下去的情况。而一群人在一起“吵架”，他们的思维会更加活跃，会激发出更有创意和价值的想法，能带给观众更新颖、全面的想法和观点，让他们恍然大悟——“的确是这个道理”。这种竞争才是有效竞争。

图 4-5　“吵架”VS“有效竞争”

所以说，激发竞争意识要确保竞争范围足够大，人数要足够多，避免让竞争变成两个人的“争吵”。

每个人都有自尊心和自信心，内心都渴望“站在比别人更优越的位置上”“取得比别人更好的成绩”。从心理学的角度来看，这种潜意识就是自我优越和竞争意识。有了自我优越和竞争意识后，人们才会更有干劲。作为主管，一旦你能够激发出下属的竞争意识，就等于激发出了他们的干劲。

Tips：

不要让他们“吵架”，要让他们进行有效竞争，以此激发他们的工作动力。

06 要跟他们谈工资，更要跟他们聊梦想

网络上曾经流行这样一句话："我上班就是为了赚钱，不要跟我谈什么理想，我的理想就是不上班。"这句话虽然是网友用来调侃工作的，但这也是大多数新生代员工的心声。

"工资"无论是对于主管还是对于员工来说，似乎都是一个比较敏感的话题。主管害怕员工提出过高的工资要求，自己却无法满足，而员工则担心自己提出的要求不被主管认可，甚至被主管嘲笑。但是一个不可否认的事实是，大多数员工离职都是因为工资。所以主管要大胆地跟员工谈工资。

很多主管在跟员工谈工资的时候会问："你觉得你的工作值多少钱？""你认为我应该给你多少钱？"面对这种问题，一般员工都会一脸茫然。说多了怕被主管嘲笑"能力不行要求高"，说少了则觉得对不起自己的辛苦付出。最终问题没有答案，工资还是谈不好。

员工在提出工资要求的时候，一般不会直接说"给我涨工资吧"，他们可能会说"我们平时这么辛苦，加班加点就这么点工资，付出跟回报太不成正比了"。回答这个问题最好的方式不是"给你加200元""给你涨500元"，而是要核算出每个人的劳务成本，让他们知道公司给他们定的工资是有依据的。

假设员工每个月的基本工资是3000元。按基本基数缴纳社会保

险后，员工能拿到手的工资是2700元左右。如果公司还给员工缴纳住房公积金的话，那拿到手的工资就更少了。但是换个角度看，公司为一名员工付出的劳务成本是多少？在固定工资的基础上，公司还要付出社会保险、公积金、加班费、奖金、福利等。除此之外，公司还要支付办公设备购置费、房租、水电费等办公费用。

这些成本员工都是看不见的，他们只会用自己拿到手的现金来衡量薪资待遇如何。那么这时候，主管可以跟员工一起算一笔“经济账”，让员工自己也算一算公司在他们身上付出的成本和他们为公司创造的价值是否成正比，然后你们再谈“涨工资”的事。

单单跟员工聊成本是不行的，他们也许理解，但是他们的最终目的还是赚更多的钱。所以，在明确成本后，也要提供一些“涨工资”的机会，让员工可以获得更高的报酬。

例如，某销售团队销售员的基本工资是3000元。这3000元基本工资只要销售员每个月确保完成2单即可拿到。超过2单时，每超过1单奖励1000元。这样既能激发员工的动力和潜能，也等于给了员工一个“涨工资”的机会。

薪资需求是最基本的生存需求。美国著名心理学家马斯洛将人的需求分为五个层次，从下到上依次是：生理需求、安全需求、社交需求、尊重需求、自我实现需求。当某一层次的需求得到满足后，人们会自发追求更高层次的需求。

因此，满足员工的基本生存需求后，还要满足员工的自我实现需求，即要跟他们聊聊梦想，并帮助他们实现梦想。这样才能更进一步激发他们的动力。

跟员工畅谈梦想不要只是简单地问：“你的梦想是什么？”这

种提问方式很容易让员工认为是在敷衍他们。跟员工聊梦想要真诚。例如，你可以先分享自己的梦想是什么，是如何实现的，其中遇到了什么样的问题，又是如何解决的。以此激发员工对梦想的渴望以及表达梦想的欲望。一旦员工能够感受到主管的真诚，他们也会敞开心扉畅谈自己的梦想。

跟员工聊完梦想后，还要想办法帮助他们实现梦想，否则一切都是空谈。也就是说，主管要当员工实现梦想之路的“监督人”，要时刻监督他们记住自己最初的梦想，并给他们提供支持和帮助。例如，在每次绩效考核面谈的时候，主管可以问员工：“你还记得自己当初的梦想吗？就你目前的成绩，你觉得自己距离梦想还有多远？接下来你还要做些什么？需要我提供哪些帮助？”

图 4-6　员工的需求

人要懂得活在当下，也要有憧憬的“诗”和“远方”，主管要跟员工谈工资，也要跟员工聊梦想。跟员工谈工资，可以让他们不必花费太多精力操心工资的事情，以便能够全心全意地投入工作中，而跟他们畅谈梦想，可以通过和他们一起憧憬“诗”和“远方”来激发他们好好工作的动力。

Tips:

员工是一群有梦想的社会人，“工资”和“梦想”你都要跟他们谈一谈。

07 告诉你的员工“怎么做”，更要告诉他“为什么这么做”

面对团队绩效无法提升的情况时，主管们常常会抱怨“为什么一直指导他们，他们的业绩却还是无法提升”“他们已经在公司待了3年了，还是不知道如何工作”……

一般情况下，下属不会工作有两种情况。

第一种：他们不知道工作方法。

第二种：他们知道工作方法，但是不知道如何开展工作。

大多数主管在指导下属工作的时候，只会告诉员工具体的解决方法，也就是说只能解决第一种情况中的问题。但是员工知道方法后，还会出现第二种情况，他们不知道如何去展开工作。而导致这一问题出现的原因是：主管只告诉了他们“怎么做”，却没有告诉他们“为什么这么做”。一旦员工不清楚“为什么这么做”，也就意味着他不理解你的指令背后的深层含义，只能像机器人一样，单纯接受指令去执行任务。这就好比上学时期做数学题，老师给了你一个答案，但是老师为什么这样解答你却不知道，结果下次出现同样的题目时，你还是会做错。

再举个例子。

某团队销售部的业绩一直无法提升。为了帮助大家更快提升业绩，主管反复跟大家说：“要搞定客户，你就要从客户的立场去考虑。”听完主管的建议后，大家都试着站在客户的立场去考虑。尽管他们非常努力地去做，但效果并不明显。虽然他们知道要从客户的立场去考虑，但是他们不明白为什么要这么做，不知道从客户的立场去考虑跟搞定客户之间有什么关系，因此无法展开有效的行动。

为什么要从客户的立场去考虑？因为签单跟客户的需求挂钩，而客户的需求跟客户的性别、年龄、爱好等有关。举个例子。某服装店的店员只是将自己认为合适的衣服，或者利润比较高的衣服推荐给客户，客户购买的可能性恐怕很小。相反，如果店员根据客户的年龄、爱好、性别等来推荐衣服，成交率一定会大大提升。

如果主管只是简单地说“要从客户的角度考虑”，下属不管在团队工作多少年都很难知道要从客户的角度考虑要先关注客户的年龄、爱好、性别等信息。如果主管告诉了员工“为什么这么做”，他们就能了解这件事情的“原理”，进而知道从哪些方面去做才更有效。

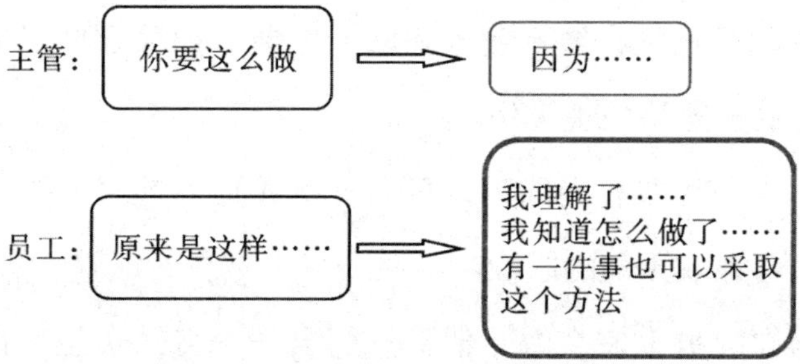

图 4-7　告诉员工“为什么这么做”

（1）为什么做这件事

人只有在某件事情中找到存在感，明确这件事情的意义和价值，他们才会更加有动力去完成这件事。因此，主管不要只是简单地安排工作任务，还要告诉他们这么做的目的是什么、这件事的价值和意义是什么，要让他们了解整体的业务情况，找到自己的存在感。

例如，“设计这个文案是为了更好地宣传新产品，新产品能否顺利推进市场并占领市场，为团队创造更高的效益，就看文案是不是有趣、是不是有吸引力。这份艰巨的任务就交给你了，相信你可以做好”。如果主管这么说，员工就会感受到这份工作和自己的重要性，并因此自发思考，如何策划更好的文案，帮助团队创造更大的价值，实现主管的期望。

（2）为什么这么做

一些主管在工作中会“有所保留”。他们会教给员工一些工作方法，但是不会告诉他们“为什么这么做”。员工想进一步知道为什么要这么做的时候，主管可能会说“你按照我教给你的方式去做就行，不用知道为什么”。他们这么做，一方面是怕员工知道的太多然后离职，导致团队利益受损；另一方面也会担心“教会徒弟饿死师傅”。这种局限性的思维，不但会限制员工能力的发挥，还会挫伤员工的积极性，更不利于团队的发展。如果团队发展得不好，主管自己的位置恐怕也难保。

所以，主管要有大局观，只有把下属培养起来，把团队带好，你才有机会谋取更高的职位。

告诉你的员工怎么做，他们只能当一个普通员工。而告诉你的员工为什么这么做，会激活他们的思想，让他们积极行动起来，他们因此成为高效员工。

Tips:

员工只有知道了“为什么这么做”，才能理解你安排的任务。

08 重点培养意愿强、能力低的员工

为了有针对性地激发员工的工作动力和热情，主管可以按照“能力”和“态度”两个维度，将员工划分为四种类型。

⊙第一种：工作意愿强、能力强。

⊙第二种：工作意愿低、能力强。

⊙第三种：工作意愿强、能力低。

⊙第四种：工作意愿低、能力低。

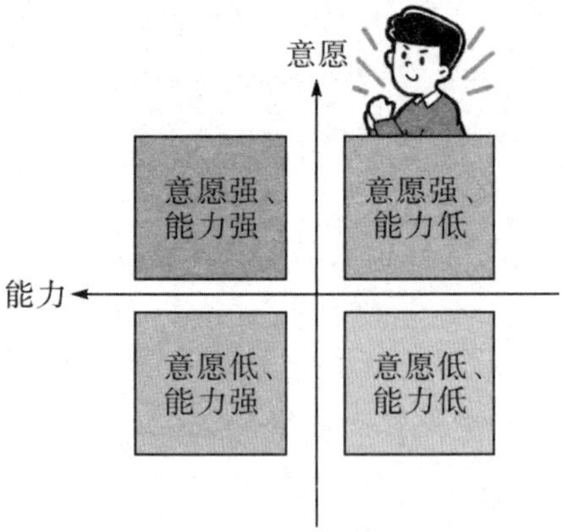

图 4-8　员工能力意愿矩阵

工作意愿强、能力强的员工。他们已经是公司的骨干或者即将成为公司的骨干。对于这类员工，主管不需要费太多的精力和时间。一般情况下，这类员工对待工作都比较积极主动。但是主管

也要注意，这类员工已经发展到了一定阶段，这时候他们更关注未来的发展。如果主管没有积极地考虑这一问题，也会导致他们的意愿降低。

因此，主管要积极地考虑他们的未来发展问题，并为他们制定职业发展规划。基于成长和发展的考虑，主管要为他们安排一些相应的学习成长机会。管理这类员工，主管的重点工作是，采取各种方式激励他们不断突破自己。

工作意愿低、能力强的员工。他们的知识和技能已经符合公司的要求，当下要解决的是态度问题。工作态度问题受到很多因素的影响，可能是员工对团队文化、管理方式或者管理理念不认同，也可能是个人规划与团队发展方向不一致。对于这类员工主管要单独跟他们进行深入沟通，及时了解他们的想法。如果是团队管理出现问题，就要立即着手解决，以让他们的态度转变。如果是个人发展问题，就要谨慎选择。

工作意愿强、能力低的员工。对于这类员工，主管要花费更多的时间和精力来指导、培养他们。这类员工能力不强，但是态度好，而态度很多时候往往能决定一切。针对这类员工，主管可以通过岗位知识和技能培训来提升他们的能力，同时增强他们的动力和积极性。

工作意愿低、能力低的员工。对于这类员工，主管要花费其他员工双倍甚至三倍的时间和精力，才能使他们完成自己的任务。这类员工不仅自己无法为团队创造效益，还可能影响其他成员。对于这类员工，主管可以跟他们进行深入交谈，如果确认他们的态度“顽固不化”，那么就要果断放弃他们。

俗话说“钱要花在刀刃上”，同样的道理，主管应该把更多的时间和精力花在意愿高、能力低的员工身上，因为他们是最有潜力成为团队骨干的人。在培养这类员工时，千万不能因为他们当下意愿极高就只抓能力，一定要“意愿”和“能力”两手抓，两手都要硬。

（1）认可员工，让他们保持热情和动力

意愿高、能力低的员工一般都不够自信，这种不自信会让他们对工作渐渐失去热情和动力。

我以前带团队的时候，手下有一名员工对待工作十分认真，但是绩效始终不好。他是负责产品宣传的，经常为了做文案加班熬夜，上班也从来没有迟到过，很少请假……这些行为的确让我很感动，我很认可这个人。但是他每次做出来的文案我都不是很满意，需要经过两三次的修改，才能采用。这件事困扰了我很久，我不想辞退他，因为团队缺少的就是态度端正的人。正在我犹豫怎么解决这个问题的时候，他提出了离职。他的理由是：“每次辛辛苦苦做出来的文案都不能直接用，还需要反复修改，我没有成就感，也没有动力。”他的离职在我的意料之中，因为当一个人不断被否定时，一定会丧失动力。

但是，我并没有同意他的离职申请。我跟他进行了一次较为深入的沟通，了解了他的想法。然后根据以往绩效考核结果和他本人的需求，我帮他制订了一个针对性的培训方案。半年后，他的设计方案已经不需要经过大幅度修改就能采用了。他工作的激情和动力又重新点燃了，而且这种激情还感染了其他成员。看到激情四射的团队，我感到十分开心。

所以说，如果员工意愿很高，只是能力欠缺，你首先要鼓励他们、认可他们，让他们找回自信。只有他们认可自己，相信自己可以改变现状，才有动力去学习、去成长、去突破。

（2）找出员工能力的短板，提供针对性的指导

对于意愿高、能力低的员工，要明确其在哪些方面存在短板。清楚了解后，便可提供针对性的指导。

由于每个员工的岗位或者具体工作都不同，与之对应的能力要求也不同。因此了解员工能力短板的时候，要单独跟员工进行交谈，然后把员工的能力短板详细记录下来，以便仔细制订下一步的指导计划。

当然这里也不排除有工作意愿强，但是无论如何指导能力也无法提升的员工。对于这种情况，主管可以了解下，团队是否有其他更适合这类员工的岗位。如果有，征求员工意见，对他们进行转岗；如果没有，那就要果断放弃他们。这对此类员工来说，也是一种更好的选择。因为只有给他们自由，让他们找到适合自己的岗位，他们才能更好地展现自己，才能走得更远。

Tips:

改变员工的态度很难，而提升员工的能力还是有方法可循的。

09 相信他们能正确地做事

日本经营之圣稻盛和夫将员工分为三种类型：自燃型、点燃型和阻燃型。

⊙**自燃型是指那种无论做什么事情，积极性都很高的员工。**

⊙**点燃型是指需要主管不断点拨才能激发动力和积极性的员工。**

⊙**阻燃型是指无论外界怎么变化都无法激发内在动力的员工。**

优秀的主管，一定是可以将阻燃型员工变成自燃型员工的人。

要如何做才能将阻燃型员工转变成自燃型员工？曾任驻阿富汗美军最高指挥官的斯坦利·麦克里斯特尔将军，通过与基地组织的对抗与战斗总结出一条黄金血律：**打造敏捷团队、提高作战效率最好的方法就是赋能。**

赋能就是要放手让员工去做选择，其本质意义是相信员工能够正确地做事。“正确地做事”和“做正确的事”是两个完全不同的概念。

美国著名管理学大师彼得·德鲁克曾在《卓有成效的管理者》一书中指出：“效率”是“以正确的方式做事”，而“效能”则是“正确地做事”。注重效率的结果是，以更快的速度接近目标；而效能，是指有效的、集体的效应，即人们在有目的、有组织的活动中所表现出来的效率和效果，它反映了所开展活动目标选择的正确性及实现程度。简单来说，效能是衡量工作成果的尺度，其中效率、效果、效益都是衡量依据。效能就是要正确地做事，获得更高的效率和更好的效果、效益。实际上，对企业而言重要的是“效能”而非“效率”，是“正确地做事”而不是“做正确的事”。

然而在实际管理工作中，无论是大企业还是小团队，它们似乎都更在乎“效率”。大多数主管都在让员工“做正确的事”，而不是“正确地做事”。“做正确的事”是主管安排任务给员工，员工则必须按照主管的要求和标准被动执行。而“正确地做事”，是将任务交给员工，员工可以自己选择完成任务的方式和路径，只要确保最终达成任务目标即可。很显然，“正确地做事”让员工拥有更多主动权，进而能够积极地做事。

所以，要让阻燃型员工转变成自燃型员工，主管就要相信他们能“正确地做事”。但是这种相信不是盲目的放手不管。

某护肤品牌专柜的主管跟柜员交代任务：“这是我们公司新上市的产品，你要多向顾客推荐。我相信你能做好。”一位顾客来咨询产品，柜员二话不说就推销新产品。顾客很不高兴地问：“你了解我的肤质吗？一上来就给我推荐这款产品。据我对你家产品的了解，这一款是新上的吧？”柜员被问得接不上话，连忙道歉。第二天她就接到那位顾客的投诉。主管问她为什么出现这种情况。她很郁闷地说：“不是你让我多推荐新产品的吗？”

有些主管像故事中的那位主管那样，的确放手让员工去做了，但我们发现员工还是在“做正确的事”。“正确地做事”应该是这样向顾客推荐新产品：

首先，询问顾客的肤质。即便顾客能够准确描述肤质，也不能只根据顾客的描述简单判定她是油性皮肤还是干性皮肤。一定要借助专业的皮肤测试工具进行测验，让顾客更加信服，也显得你更加专业。测试出顾客的肤质后，不要直接推荐新款产品。先咨询客户有没有使用过自己家的产品，有没有过敏的东西，然后再说：“我们家最近上了一款新产品，很适合你的肤质，你可以了解一下。”

“正确地做事”的前提是“做正确的事”。盲目的信任，完全放手让员工去做，很可能出现上述类似的问题，甚至更多严重的问题。因此，主管要相信员工能够“正确地做事”，也要确保他们是在“安全范围内”做事。

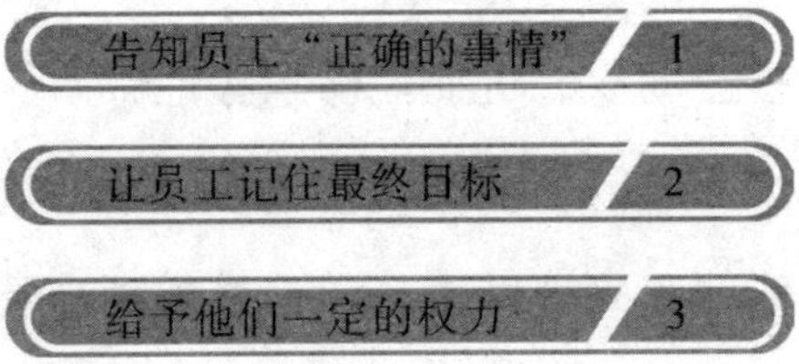

图 4-9　相信员工能“正确地做事”

首先，告知员工“正确的事情”。

主管要告诉员工，“正确的事情”是什么，才能确保他们能够“正确地做事”。上述故事中，主管如果告诉柜员多向适合这款产品的顾客推荐，就能有效引导柜员思考：“这款产品适合什么肤质的顾客？”

其次，让员工记住最终目标。

主管的目标是员工完成任务，无论员工采取什么形式完成任务，只要确保他能够达成任务目标即可。例如，上述故事中主管可以说“最终目标是今天能够销售5件新产品”。一旦确认了最终目标，员工就不会“任性”地做事，而是会想出更好的销售方式，“正确地做事”。

最后，给予他们一定的权力。

相信他们能“正确地做事”，不仅要给予精神上的支持，还要给予他们“实际”的支持——权力。例如，上述故事中，主管可以给员工一定的价格优惠空间，以支持员工达成目标。

“正确地做事”强调的是做事的方法和正确性，追求的是“效能”，激发的是员工的潜能和动力。如果主管要创造的是一个充满活力和动力的团队，那么就要敢于在“安全范围内”，放手让员工“正确地做事”。

Tips:

不要再让员工“例行公事”，给他们自由，让他们创造更多的奇迹。

10 关注员工的成长和发展

员工的成长和发展对团队而言意味着什么？**从某种程度上来说，员工的成长和发展好坏决定了团队能不能走得更高、更远。**如果员工对未来没有期待，不关注自身的成长和发展，他们在工作中的表现可能是这样的：

⊙“差不多先生”，认为差不多完成任务就行，不在乎质量；

⊙“拖延症患者”，今天做不完明天做，大不了扣工资；

⊙对什么都无所谓，奖金少也没关系，够吃饭就行；

⊙态度消极，不把工作当回事；

⊙……

这样的员工对工作完全没有动力和激情，他们只是把工作当成简单的“生存”工具。对于这类员工，主管要做的是，关注他们的成长和发展，激发他们的内在驱动力。要让他们知道，工作是给公司干的，但成长却是自己的，优秀的人都懂得在工作中修行，为自己拼一个更好的未来。

我们来看一个故事。

王强跟张亮是大学同学，成绩相当，毕业后两人分别进入了两家差不多的公司，做着性质类似的工作。两年之后，两人的差距却非常明显。

王强进入公司后，主管安排了一名资深的老员工带他。工作上遇到问题，这位老员工都会积极帮他解决。为了提升王强的专业知识和能力，主管还安排了一些比较有挑战性的项目给他。当王强完成后，主管还会给他安排难度逐级递增的项目，不断锻炼他的能力。此外，主管还经常找王强聊天，了解他工作中的具体事情和问题。同时，他还帮助王强做了一份职业发展计划，并监督他执行。两年后，王强成了公司的技术骨干，主管晋升后，他接替了主管的位置。

然而，张亮的职业发展之路就显得比较艰难。

张亮到了新公司之后，经验和能力都比较欠缺，为了能够顺利完成任务，他几乎每天加班加点，但是效果并不理想。然而主管并没有给予他什么帮助，连句鼓励的话都没有。一年后，张亮还是做着与一年前一样难度的项目。除了工作的事情外，主管几乎和他没有什么交流。两年下来，张亮发现自己跟刚毕业时差别不大，只是稍微懂了一些基本的岗位技能和知识。张亮对未来充满迷茫：难道这辈子就这样混过去？

为何起点差不多的两人在工作两年后差距如此之大？是能力差距太大吗？显然不是。刚毕业的大学生，他们之间的能力差距非常微小。他们之间存在如此大的差距的原因，在于其成长和发展的驱动力不同。

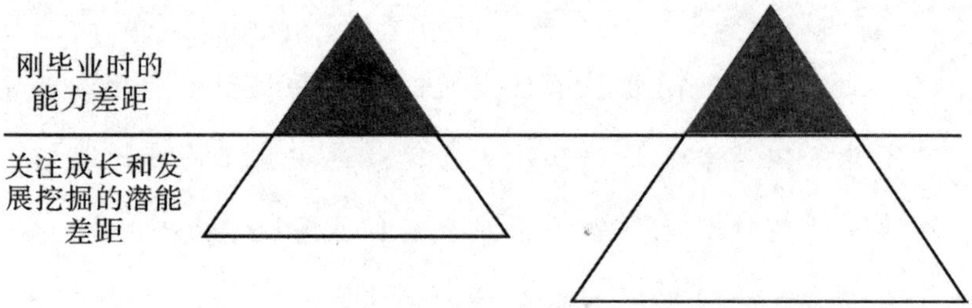

图 4-10　关注员工成长和发展

王强的主管一直关注王强的成长和发展，并且一直用这种方式驱动员工前进。而张亮的主管并没有关注这一点，他只看重员工当下的绩效，只要他们能完成自己安排的任务即可。在这种管理方式下，员工永远处于安逸区。或许一开始他们有远大的理想和抱负，但是在安逸区待久了，他们就会丧失斗志、自暴自弃。

提高员工的工作动力和积极性，最好的办法就是帮助员工打开思维和能力边界，不断给他们创造成长的机会。

关注员工的成长和发展，要求主管做到：

⊙深入了解员工的成长和发展需求，以提供针对性的资源和帮助；

⊙根据员工的需求和能力，提供针对性的培训和学习机会；

⊙让员工走出安逸区，给他们安排挑战性的任务和目标；

⊙除了工作上的问题，还要跟员工聊一聊，了解他们对于工作有哪些展望、希望在工作上获得什么样的成就；

⊙帮助员工制定完善的职业发展规划。

归根结底，主管要给员工提供一个不设上限的成长环境和机制，并要时刻关心他们是否正走在这条成长的道路上。一旦员工明确了自己的成长和发展方向，他们就会不遗余力地朝着这个方向前进。对于主管而言，得到的将是一批能力强大的虎将和一个超高的团队业绩。

Tips:

由一群“王强”组成的团队将远远强过由一群“张亮”组成的团队！

11 突出下属的贡献，让他们看到自己的价值

美国著名心理学家马斯洛将人的心理需求从下到上分为五个层次，分别是：生理需求、安全需求、社交需求、尊重需求、自我实现需求。当人们的生理需求、安全需求得到满足后，他们就会追求社交需求、尊重需求和自我实现需求。尊重和自我实现需求其实就是对存在感的渴望，具体表现在团队中即团队成员会希望突出自己对团队的贡献、明确自己对团队的价值，进而才会更有动力为团队创造更大的价值。

大多数新上任的主管都容易忽视这一点。他们更多的是强调团队利益，他们认为团队就是一个集体，不能有个人主义。团队的确不能有个人主义，但是突出下属贡献，不是鼓励个人主义，而是让他们看到自己在团队中的位置和价值，增强他们的团队意识，激励他们不断努力工作。

跟大家分享一个我亲耳所闻的案例。

一家公司的销售部门，有两个销售小组，每个小组有6个人。我们可以称它们为甲组和乙组。

有一次新产品上市，公司为了激发销售团队的动力，制订了一次团队竞赛。规则是，一个月内业绩领先的团

队，每个人都能额外获得5000元的奖金。两名主管将这一消息传达下去后，其团队的员工都十分兴奋，并积极投入业绩冲刺中。半个月后，甲组的业绩远远超过了乙组。甲组的主管看了下业绩跟踪表，发现朱龙和张敏的业绩遥遥领先，几乎占了整体业绩的一半。但是，为了避免他们骄傲，也为了避免影响其他人的情绪，主管在开会的时候只是说："这次是团队作战，大家都要努力。"私下同朱龙和张敏说："哎呀，我们干得差不多就行了，不用太拼，没有任何意义的。"

虽然乙组落后了一大半，但无论是主管还是员工都没有因此放弃。乙组的主管同样查看了业绩跟踪表，发现有三名员工的业绩是其他员工的一倍。该主管在会议上说："虽然我们目前的销售不如甲组，但是我们还有半个月的时间，只要大家齐心协力拼一拼，我相信我们有机会取胜。这里我要表扬我们团队的每一位伙伴，感谢你们的付出。还要重点说一下，章峰、李婷、胡亮这三名员工在半个月之内超额完成任务，为我们团队争取了赢的机会。让我们给他们一个拥抱，感谢他们过去半个月的努力！"章峰、李婷、胡亮听到主管的肯定后特别高兴，在之后的半个月中，做出了更加惊人的业绩，其他员工也因为被肯定表现得非常积极。

一个月后，竞赛结果揭晓，乙组的业绩居然是甲组的两倍。甲组的主管实在想不通，自己明明开始很占优势，为什么最后落后这么多。

很明显，甲组之所以在占据先机的情况下落败，就是因为甲组的主管对下属贡献的忽视，挫伤了下属的工作积极性。

如何在工作中突出下属的贡献，给他们足够的存在感？

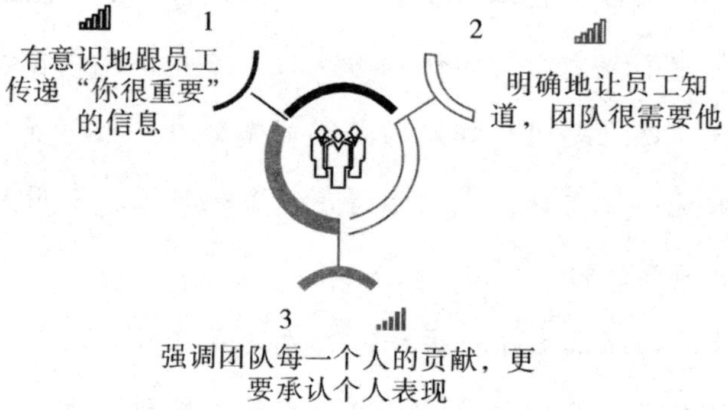

图 4-11　突出下属的贡献

（1）有意识地跟员工传递“你很重要”的信息

无论是员工还是主管，不可否认的是大家都有类似的想法：害怕自己被人取代。所以一旦员工能够为团队做出别人做不到的贡献时，他们的热情和潜能就会被激发出来，进而会更加积极、主动地完成任务。

为了让员工有这样的感受，主管在平时的工作中就要有意识地跟员工传递“你为团队做出了很大的贡献”“你无可替代”“你很重要”的信息。例如，主管安排任务时，不要简单地说：“这是你下一个要负责的项目。”你应该强调他做过的贡献：“你上次负责的那个项目很不错，客户还夸奖你了。工作做得非常细腻，很有耐心。这次这个项目的客户很挑剔，但是凭借你上次的表现，相信你完全可以搞定他。”你越认可、越突出员工的贡献，他们就会越觉得自己对团队很重要，进而以更强的信心和更大的动力去完成更重要的工作。

（2）明确地让员工知道，团队很需要他

如果主管只是经常说“你很棒”“你很厉害”“你贡献很多”这样的话，很容易让员工觉得主管是在“例行公事”。所以，为了突出员工的贡献，主管不能简单地夸赞，而是要明确地让员工知道，团队很需要他。

例如，在员工完成任务的时候直接说：“团队之所以能成功，少不了你的功劳。”此外，也可以借助第三人，如通过客户的反馈、团队其他成员的肯定来向员工表达他的贡献。很多时候其他人的正面反馈反而更具说服力，更能激发员工的动力和积极性。

（3）强调团队每个人的贡献，更要承认个人表现

如果只是突出团队贡献，会导致那些做出较大贡献的员工得到“不公平”的待遇，进而很可能导致他们的积极性大大降低，你也很可能会因此失去一名得力干将。所以说，当团队取得很好的业绩时，主管要强调团队每个人的贡献，更要承认个人表现。例如，“感谢团队每个人做出的贡献，更要表扬一下××，为团队业绩贡献了双倍的力量……希望大家向他学习”。

只有让员工明确自己在团队中的价值，找到强烈的存在感，他们才会更加努力地去“发光、发热”。而让他们能够持续“发光、发热”的能量之源就是，持续地突出他们对团队的贡献。

Tips：

让员工看到自己存在的价值，他们才能为团队创造更多的价值。

第 5 章

上级沟通：成为“关键下属”，获得更多的支持和资源

卓有成效的主管不仅懂得如何通过下属完成任务，还懂得如何向上沟通，为自己争取更多的支持和资源，以推进管理工作顺利进行。

01 不要让你的上级认为，你存心想改变他

很多新主管认为管理工作就是对下属进行管理。但实际上，作为中层管理者，你不仅要向下管理，还要做好向上沟通。

在向上沟通方面，也许你无意中已经在做了。比如，有些主管会抱怨“给上级提的意见他根本不听”“领导的管理方式有问题”“哪有他这样做管理的，这样下去公司会倒闭的”“我觉得他应该这样做”……有没有发现，当主管开始抱怨这些事情的时候，说明他试图想改变上级。然而，任何人都不喜欢对方强迫自己做出改变，尤其是当你的下属提出要你改变的时候。

所以说，向上沟通最忌讳的就是频繁地给上级提出各种建议，指出上级的各种问题，甚至直接要求上级做出改变。也许你觉得自己这样做都是为了公司的利益考虑，但是这种方式会让你的上级难以接受，甚至会认为你在“谋权篡位”，进而激化双方之间的矛盾。

一次主管培训课程结束后，一个年轻的姑娘找到我。原来她是该公司新上任的招聘主管。她嗫嚅了半天，我才听明白是怎么回事。

原来，她以前的那位上级性格大大咧咧，对下属的

要求也比较宽松。最典型的表现就是，每次开会大家就站在那里简单地说：“小王你这周负责……小李继续跟进……”大家只要听清楚，然后去做就可以了。而她自己也养成了这样的开会习惯，但是她现在的上级却是一个对下属要求极其严格的人。每次开会不但要求大家必须按时到会议室参加，还必须提前准备好相关材料，同时备好笔和笔记本，做好会议记录。

这对于已经习惯原来开会模式的她来说，简直是上“刑场”啊！最关键的是，要改变工作习惯也不是一时半会儿就能做到的，所以自她当上招聘主管以来，几乎每次开会她都会被批评，不是因为忘了提前准备材料就是因为忘了带笔记本。最近的一次，周一例会前她特意检查了一遍，材料、笔记本、笔都在，才安心地走向会议室。谁知，路上笔掉了她却不知道。开会的时候，她没有笔做记录，只得抬头仔细地听领导布置工作。

领导看她没有记笔记，立刻就拉下了脸，当着所有人的面训斥道：“连笔记都不记，你参加会议有什么意义？！”所有人的目光瞬间都看向她，她感到又羞又恼，就不耐烦地说：“你说的这些我能记住不就行了，用得着每次都装模作样地记笔记吗？我早就想给你提意见了，每次开会这么多规矩，搞得大家特别累。我觉得，开会的主要目的是让大家按照决策去做事，何必非要把每一句话都记下来呢……”领导没想到她居然敢顶嘴，气得脸色铁青：“请你出去！”

就这样，因为开会忘记带笔这样的小事，她跟领导的关系闹得特别僵。

众目睽睽之下，这位年轻的姑娘顶撞了自己的上级，并强烈地表达了自己的想法。也许她只是为了给出中肯的建议，但是这种情况下采取这种方式，只会让上级认为你存心想改变他。一旦上级有这种想法，即便他认为自己的行为不正确，也不会接受你的建议，甚至会因此抵触你提出的任何观点和意见。

事实上，任何人都不喜欢别人强迫自己改变。所以，千万不要让你的上级认为你存心想改变他。如果你觉得上级有些地方需要改善，可以用自己的行为来影响他，向他证明“这样做更好”。

谭云是某家旅游公司出境线路的主管，她有个超级女强人领导。谭云刚进入公司的时候，领导就说过：“我大部分时间都用来工作，在家我从来不做饭。我儿子已经10岁了，到现在也没有吃过我做的饭。”但是谭云他们团队女性居多，每次聚会都是组织到各家去吃饭，而且每个人都能烧得一手好菜。吃饭的时候，他们会互相分享做饭的乐趣和心得，大家在一起边吃边聊，其乐融融。等到去领导家的时候，领导就直接带他们去附近的饭店，或者点外卖，气氛就不如在其他员工家聚会的时候那么热闹。

但让大家意外的是，有一次聚会，领导做了十几个菜。他们为此感到非常惊讶。领导说：“每次去你们家吃饭都觉得很开心，也觉得自己点外卖或者去饭店吃没有那么大的乐趣。所以就在网上学做了这些菜，不好吃也不能说啊，都要光盘。”说完之后，大家都笑了。

从不做饭的上级居然主动改变了，为什么？因为受到了团队其他成员行为的影响，觉得点外卖或者去饭店不如一起在家做饭吃有乐趣。这种影响是潜移默化的，会驱动上级自我改变。

也许你只是想帮助上级发现问题、解决问题，但是如果沟通方式不对，那么会导致上级认为你要存心改变他。因此，除了用行为潜移默化地影响上级做出改变，还要掌握一定的沟通技巧。

图 5-1　与上级沟通的技巧

明确描述问题。不要直接说“你这样不对”“你这种方式不行”，你要详细描述问题“这样会导致……问题，具体表现在……”，让上级了解问题将会导致的严重后果，他就会认识到自己的错误，从而主动做出改变。

保持耐心。提出问题后，不要着急给出自己的意见，而是给上级思考的时间。一般来说，随后上级会主动寻求你的意见。如果没有，那么你可以委婉地建议：“我有个想法，但是不知道合适不合适……”这样说，上级不会认为你存心要改变他，而是认为你在认真做事。

没有人希望别人存心改变自己。对于这种“被改变”，大多数人会出现抵制的态度。所以，无论你的能力多强，或者你的上级有多不会管理，你都不要摆出一副高高在上的架势试图去改变他们。如果上级抵制你，你们会出现双输的局面。你要知道，改变任何人最好的方式都是让他们自己改变，更别提要改变职位比你高的上级了。

Tips:

改变上级最好的方式是引导上级自己改变。

02 把上级看成你的盟友，而不是威胁

常言道：“伴君如伴虎”。大多数新上任的主管对上级的态度是敬而远之。在他们看来，离上级太近，会让上级抓住太多的把柄，对自己不利。但是我们前面提到，上级也是帮助你解决管理问题的关键资源。你不必阿谀奉承，但是也一定不要把他们看成你的敌人，要把上级看成你在公司最重要的盟友。

胡园毕业后投了很多简历，终于迎来了自己的第一份工作——在某传媒公司负责运营企业的公众号。胡园之前毕业实习的时候，也找过一份类似的工作，但是因为上级的所作所为，在跟上级吵了一架之后就离职了。果不其然，这份工作做了不到半年，她又跟上级提出了离职。离职的时候，她跟同事说：“我真的太讨厌这个领导了，脾气不好，要求又高。每次我推送的文章，他总是挑出很多毛病，必须要改三四遍才能发出去。受不了这样的领导，伺候不起，我只能走人。”

其实，在工作中像胡园这样的人很多，甚至可以说每个人的潜意识都会将上级当成“敌人”，认为他们就是来监视自己的。

在这种消极心理的暗示下，无论上级做了什么事情，他们都会看不顺眼。即便上级好意请大家吃一顿饭，他们也会认为这是个“阴谋”。

作为普通员工，这样和领导“对着干”，只要领导不与你针锋相对，故意要赶你走，也许还能在自己的“分内工作”范围内生存下来。但是，当你晋升为主管后，还把上级看成监视员，不懂得处理好和上级之间的关系，就难以从上级那里获得需要的支持和资源，你必将举步维艰，甚至前途堪忧。

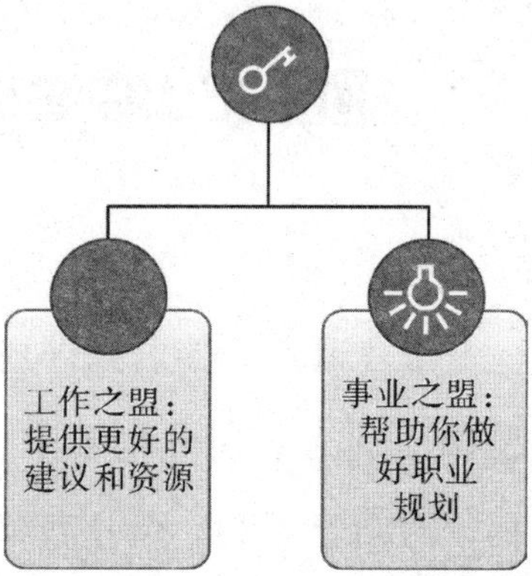

图 5-2　上级是你的盟友

（1）工作之盟：上级能为你提供更好的建议和资源

对于普通的上班族来说，一天有8个小时都在办公室，如果加班的话，待在办公室的时间会更长。也就是说，上级和同事是除了家人之外与你相处时间最久的人。在工作中，遇到任何问题和困难，能够支持你、为你提供建议和资源的首先是你的上级。从这一点来说，上级是你工作中最重要的盟友。

给你提供针对性的建议。上级是对你的个人能力以及对你的团队运作现状比较了解的人。如果你在工作中出现问题，寻求他们的帮助，他们一定会根据对你和你团队的了解，提出针对性的建议。

王刚是一名刚上任的主管。上任之初，团队员工似乎都不怎么听从他的安排，为此他十分苦恼，不知道如何才能推进管理工作。为了赶紧解决这一问题，他不得不请教他的上级。上级了解具体问题之后，跟他说：“你是一个性格比较随和的人，这一点非常好。但是现在你已经当上主管了，该严厉的时候还是要严厉点。员工没有按时完成工作，该处罚的还是要处罚。”

王刚的上级凭借对王刚的了解，很快就明确了王刚的问题出在哪里，并提供了针对性的建议。只有最了解你的人，才知道如何为你提供针对性的建议，帮助你快速、高效地解决问题，完成任务。而在工作中，最了解你的莫过于你的上级。

为你提供更多的资源。无论从工作经验还是从职位权力来说，上级都一定拥有更丰富的资源。举个例子，你是市场部的主管，你们要为新产品举办一次规模比较大的产品成交会，但是你手上的人员不够。那么，这时候你就可以求助你的上级，让他帮你调动人员，协助你顺利开展工作。

上级的工作其实就是给下属提供建议，配置资源。所以，一定要把他们看成盟友，以便今后从他们那里获取更多针对性的建议和资源，帮助自己顺利完成任务。

（2）事业之盟：上级能够帮助你做好职业规划

很多主管认为自己是最清楚自己想要什么，也是最懂自己的人。但是很多时候“旁观者清”，你的上级有可能比你自己更懂你适合什么样的工作、你可以朝哪个方向获得更好的发展。因此，你更要跟他们保持良好的关系，“拉拢”你的盟友，帮助自己明确未来的职业发展方向和规划，以让自己在事业上取得更大的成就。

例如，平时可以多跟上级交流，让上级了解你的职业规划以及你对未来的理想设想。上级会结合你当下的实际情况和你未来的规划，帮助你制订一个更适合你的成长计划，以助力你实现自己的职业梦想。

职场中，作为主管你要的是什么？一定是更多的支持和资源，以不断推进自己的工作，提升自己的能力，实现自己的职业梦想。而能够及时给你提供针对性的建议和资源的，一定是你的上级。如果你认为他是监视员而推开他，那么就等于你离成功又远了一步。

Tips:

与更懂你、更知道你需要什么的人“结盟”，可以达到“1+1 > 2”的效果。

03 积极反馈，获得正确的工作指导

当你晋升为主管后，核心工作就只有两个：管人和管事。无论是管人还是管事，你都将面对各种各样的问题，有些问题是你可以解决的，有些问题则是你无法解决的。比如，销售团队的员工在成交环节遇到了困难，如果是成交技巧不够成熟你可以凭借自身的能力辅助他达成交易，但如果是因为竞争对手的报价太低甚至已经超出你的权限，你就必须将问题反馈给上级，让他来定夺。

没有哪个主管是万能的，可以解决团队中所有的问题。因此，当你遇到自己的权限、资源以及能力无法解决的问题时，要积极将问题反馈给自己的上级，以获得正确的工作指导。

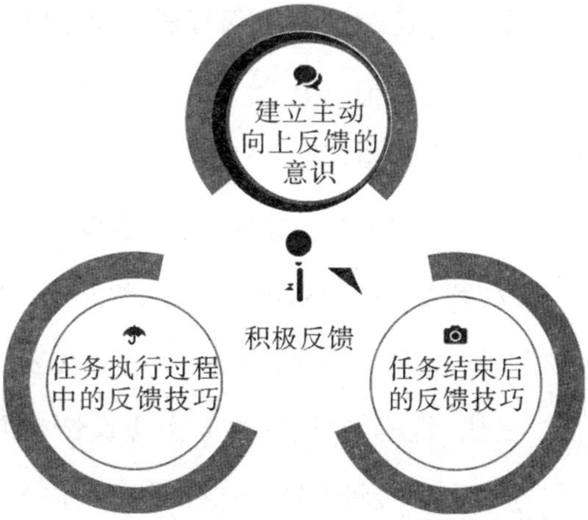

图 5-3 积极向上反馈

（1）建立主动向上反馈的意识

反馈跟沟通一样，是一个双向过程。但是在工作中，很多主管会把反馈看成一个单向过程，往往习惯于等上级发现问题后找他，

却极少主动汇报问题，认为那是无能的表现。但是，我们会发现，层级越高的管理者越会把更多的时间花在关键决策和未来发展上，他们没有时间每天进行向下询问。因此，主管要想获得及时的帮助，就要主动向上反馈。一般来说，遇到以下几种情况，要主动向上反馈：

⊙执行上级安排的任务时，发现现有任务跟原有任务之间有冲突，要主动、及时地将问题反馈给上级，避免因为产生冲突而导致任务无法完成，或者任务结果无效；

⊙如果上级制定的目标在实际执行的时候，已经能准确知道预期无法达成，要主动反馈给上级，以便及时调整目标；

⊙根据任务的执行计划，设定固定的时间节点，按时向上级反馈。

主动、及时地向上级反馈，可以有效避免执行任务的过程中出现大问题，也能够让上级实时跟进任务的进度，以及时为团队提供更精准的指导和帮助。

（2）任务执行过程中的反馈技巧

反馈是一个持续的过程。尤其是在执行任务的过程中，一定要保持及时反馈，以免出现问题时上级要“临时救火”。

在执行任务的过程中向上级反馈时要注意以下两点：

第一点，及时性。一般情况下，公司会制定反馈机制，清楚地告诉管理者和员工什么事情要及时反馈。当然，优秀的主管也会判断，什么事情要及时反馈。例如，某电子设备产品部突然发生爆炸，这件事情就要第一时间告知上级，而不是等到第二天新闻出来之后，你的上级才知道这件事情。

但是不少主管在遇到一些负面事情或者重大问题需要反馈的时

候，选择了退缩，拖延反馈时间，因为他们害怕被上级责骂。如果这样，问题只会越来越严重，最终会严重影响公司的发展，上级对你的信任感也会彻底丧失。因此，主管要正视问题，要有一个良好的反馈态度，要明白出现问题后，及时反馈问题，获得上级正确的帮助来解决问题，承担自己应该承担的责任远比逃避问题更容易获得上级的理解和信任。

第二点，反馈尽量做到量化。反馈的内容一定要让你的上级一下就能够明白发生了什么事情，对公司产生了多大的影响。比方说，如果你的反馈是“本月团队的营业收入创造了新高”，上级听完之后留在脑海里的问题是“新高是多少”“之前的营业收入是多少”“为什么会创造新高”“是新产品销量提升了还是明星产品的销售提升了”……原本你是为了给上级传递一个好消息，没想到最后成为一系列问题。所以说，反馈的时候，要做到简洁、明了，尽量做到量化。如“上个月团队创造了8万元的业绩，本月因为新产品上市，团队业绩再创新高，达到了10万元”。

（3）任务结束后的反馈技巧

工作任务的最终结果如何？是不是达到目标了？获得了多少盈利？这些是上级十分关心的问题。因此，在任务结束后，向上级反馈结果时要注意以下几点：

第一点，直接说结果。既然是结果，就不要拐弯抹角地说一大堆过程，只要将结果直接反馈给上级即可。举个例子，上级安排你们团队一周内完成某个项目，但是因为团队某名员工丢失客户名单，导致项目没有在规定时间内完成。这时候你跟上级反馈时，可以直接说：“项目已经完成了80%，还需要两天时间才能全部完成。”不要过多阐述员工是如何弄丢客户名单的，这样只会耽误上级做决策的时间，进而会影响项目下一步的推进工作。

第二点，着重反馈精华。即要懂得“取其精华，去其糟粕”，从大量的内容中筛选出关键信息进行反馈。

明朝开国初期，有一位大臣名叫茹太素，当时担任刑部侍郎，是一个做事非常认真的人。按道理来说，皇帝应该喜欢做事认真的大臣，但是他却让明太祖朱元璋特别苦恼。因为茹太素每次写的奏折都特别长，都写七八千字。有一次茹太素写了一篇一万七千字的奏折，并当朝念给朱元璋听。茹太素还没念完，朱元璋就怒火冲天命令人将他拖出去打板子，并说：“废话太多了，我很烦。”冷静下来的朱元璋，耐着性子读完茹太素的奏折，发现最后五百字才是奏折的精华。

对于一个日理万机的皇帝来说，他最宝贵的就是时间。虽然茹太素的反馈很认真，但是占用了朱元璋太多的时间和精力，因此会大大降低反馈的效果。你的上级虽然不是皇帝，但工作也非常忙，时间也很宝贵，所以反馈的时候着重反馈精华即可，不要说太多无关的内容。

第三点，可视化反馈内容。将反馈内容可视化，能够让上级更快捷、直观地了解重点。例如，将任务结果制作成数据表格或者图表的形式，会比单纯的文字或者口头表达更有表现力。

最后需要强调的是，反馈并不是想当然地冲到上级办公室进行汇报，一定要根据时间、场合选择合适的反馈渠道。比如，公司产品质量出现了严重问题，那就要立即反馈给上级，以获得及时、正确的指导，如果上级不在办公室，也要第一时间打电话将具体情况汇报给上级，总之必须确保上级第一时间知道这件事。但如果是团队员工之间的小问题，那就可以用发邮件或者在线沟通的方式反馈给上级。若未收到上司的回复，则可以线上发消息进行提醒，或者在上级不忙的时候，主动到上级办公室请求指导。

总之，向上级反馈时一定要拿捏好分寸，有选择、有技巧地让上级知道你的工作情况以及遇到的困难。

Tips:

上级没问，我就说了 =“默契+主动+有干劲”

04 跟上级多沟通，争取更多的资源

很多新上任的主管习惯性地认为向上沟通“简直就是太岁头上动土”“上级不可能愿意帮助你的”。其实真正优秀的主管，他们会积极做好向上沟通工作。在实际工作中，只有与上级保持互相尊重、相互坦诚、互相沟通，最大限度地“调配”你的上级，才能争取到更多的资源，帮助自己更好地完成工作。

朱文君是某公司的运营主管。有一次上级交给她一个非常重要的项目。在执行该项目的时候朱文君发现了一些异常，但是当时上级已经下班回家了。朱文君不想给上级打电话，怕上级在电话里责骂自己，于是就给上级发了一封邮件，想着等上级看完邮件再说。第二天上班的时候，朱文君去找上级却被告知他出差去了，三天后才回来。结果三天后上级才看到邮件，他直接把朱文君叫到办公室骂了一通，责问她为什么出现这么大的问题不及时打电话汇报。朱文君却认为自己没有做错，明明已经发邮件汇报过了。

该部门的另一个主管张天文在遇到同样的事情时，采取的方法截然不同。张天文是一个对待工作十分细心、谨

慎的人，在执行任务的过程中发现问题后立即给上级打电话。上级当时正在忙，很不耐烦地回答说：“知道了，不必每件事情都跟我说。”听到上级这么说之后，张天文也感到十分委屈。但是为了及时解决问题，张天文又通过在线沟通软件把这个问题的具体情况跟上级汇报了一遍，并说明其会产生的严重后果。上级得知后，回到办公室跟张天文进行了深入沟通，最终问题得以解决，工作任务也顺利完成。

看了上述案例，很多人会认为上级真不好“伺候”。其实，上级并不是用来“伺候”的，他更像你的盟友。如果不把自己当成他的下属，而是当成盟友，跟上级进行良好的沟通，你会从他那里获得更多的资源，可以帮助自己顺利完成任务，达成业绩目标。相反，如果你只是把自己当成下属，就会只愿意听从他的安排，他说什么就是什么，你无法占据主导地位，也就难以获取更多的资源。

再者，上级一般都比较忙，他很难做到事无巨细，而这时候，身为主管，要更多、更主动地跟上级沟通，让他能够了解执行层具体的工作情况。只有当上级了解了团队的整体情况后，你才可以向上级提出合理的建议和问题，为自己和团队争取更多的资源。这样做，不仅可以让自己的工作变得更加轻松，也会让你的上级对你更加满意。

那么，主管在工作中应该如何和上级沟通?

（1）尊重对方是沟通的基本原则

无论是上级与下级之间，还是平级之间，沟通最基本的原则就

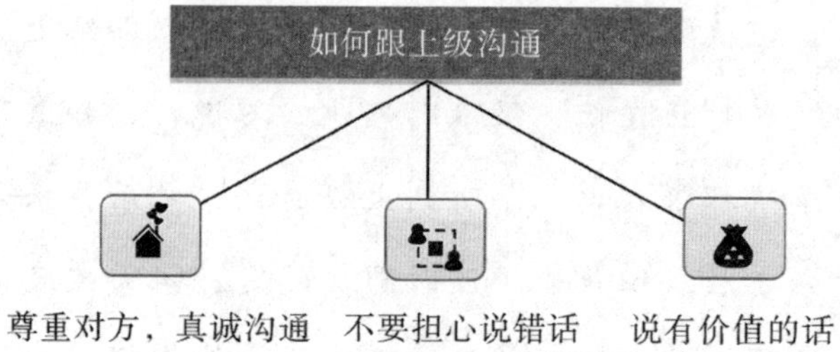

图 5-4　如何跟上级沟通

是做到互相尊重。因此，主管要正确看待自己和上级之间的关系，不要把上级当成自己的“敌人”，跟上级沟通时要保持真诚的态度，要做到既不趋炎附势又不自视清高。

（2）不要担心说错话

很多主管跟上级沟通的时候，会因为担心说错话而选择不说。但是，每项工作都要推进，每个问题的解决都必须依靠双方之间的有效沟通。如果你拒绝跟上级沟通，他们不会知道你的想法，也无法给你提供资源和帮助，而你的工作也将无法完成，久而久之，你极有可能连现在的位置都坐不稳。

所以，在自己有问题、想法和建议时，要勇敢地表达出来。身为主管要知道，在工作中，没有谁的发言是绝对正确的，只有建议是否符合公司的发展、是否能被上级采纳。如果没有被采纳，也不能说明你错了，只能说明它不符合公司的发展要求，进而要换一个方向思考更好的想法和建议。

（3）要说有价值的话，让上级明白你需要的资源和帮助

要想争取更多的资源，就不能把沟通当作闲聊。因此，在跟上级沟通的过程中，你一定要说有价值的话。例如，“项目目前完成了80%，但是有一部分客户的配合不是很积极，其中有几个大客户是您之前的老客户，希望您这边能够帮忙沟通一下。”如果上级不明白你的意图，他将很难为你提供针对性的资源和帮助。

上级为你配置资源的前提是，他清楚地知道你需要什么样的资源。因此，要多跟上级进行沟通，让上级知道你的需求，进而为你调配更多、更精准的资源，帮助你顺利完成任务、实现目标。

Tips：

在沟通中，你必须要让上级清楚地知道你需要什么样的资源和帮助。

05 向上级坦白问题，并寻求帮助

在现实工作中，经常会出现下属发现问题不向上级汇报的情况。为什么会出现这种情况？一般来说，主管出现问题不敢坦白向上级汇报，无非以下两个原因。

第一个原因：人的本性是趋利避害。一旦出现问题，主管们首先想到的是，如果把这件事情坦白地告诉上级，自己一定会遭受责骂，这对自己来说很不利，而且上级很可能会认为自己的能力不够。

第二个原因：自己的失误，自己想办法补救。一部分主管会认为，既然是自己造成的失误，就要自己承担责任，想办法弥补这个失误。

无论是出于哪种心态，不想跟上级坦白问题这件事在情感上都能理解。但是在实际工作中，我们会发现，并非所有的问题或者失误都可以很轻松地及时补救，而一旦酿成更大的问题，后果可能是你承担不起的。所以，在面对问题时，你要知道解决问题最好的方式不是逃避，或者盲目承担。当你以自己的能力无法摆平眼前的难题时，一定要向上级坦白问题，他们比你更有经验，也更有力量，你完全可以寻求他们的帮助。

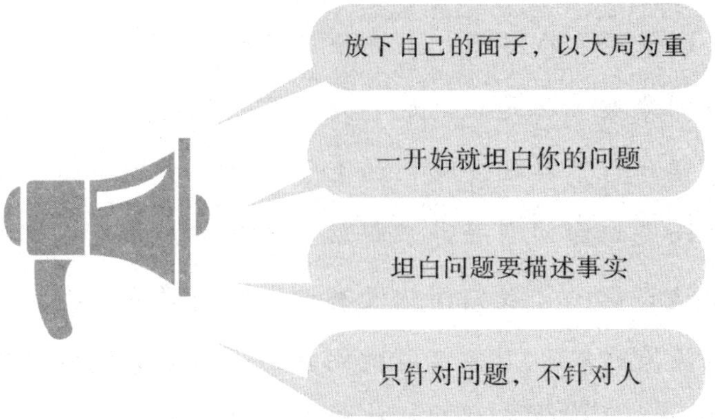

图 5-5　向上级坦白问题时要注意的事项

（1）放下自己的面子，以大局为重

很多主管为了博得上级的赏识，在上级面前会夸下海口，保证不惜任何代价完成任务。结果执行任务的时候问题频出，碍于面子又不敢跟上级说明问题。但是作为团队的主管，任何事情都要以大局为重，不能因为个人的面子而牺牲团队的整体利益。在出现问题时，要考虑这件事情对团队的影响、对企业的影响，必要的时候一定要放下面子寻求上级的帮助。

（2）一开始就坦白你的问题，让你的上级知道你有基本的判断力和决策力

很多主管认为坦白自己的问题，一定会被上级定义为“没有能力”，被上级责骂。其实我们可以换个角度思考，能够及时坦白自己的问题，恰恰说明你有一定的判断力和决策力，知道哪些事情自己能处理好，哪些事情自己处理不好，需要什么样的帮助和支持。在这种情况下，上级不但不会责备你，还会肯定你为公司挽回了一些不必要的损失。

举个简单的例子。上级让产品研发部门做新产品营销策划方案。但是显然这不是产品研发部擅长的事情。这时候作为产品研发部门的主管要做的肯定不是直接答应，而是坦白问题并寻求帮助。例如，产品研发部门的主管这样说："我们团队没有做过营销策划方案，在这方面没有经验，是否可以找比我们更专业的团队来做这件事，这样能够更加高效地完成任务。当然，我们也可以尝试去做，但是希望您可以给我们多一点时间和一些相关的对接资源。"

在发现问题的时候就及时坦白问题并寻求帮助，远比说一句"保证完成任务"却因为种种问题完不成任务强得多。

（3）坦白问题要描述事实，不要臆想推断

无论是通过口头还是书面的形式坦白问题，都要注意的是：要客观地描述事实，不要臆想推断。比如说"办公室的打印机坏了"这是事实，但如果说"办公室打印机坏了，可能是小张最近一直打印文件的原因"这就是推断。描述事实，能够让对方更客观地看待问题，进而给出明确的答案，但是如果你一开始就进行推断，很可能会给对方造成干扰，让对方无法给你提供更为准确的答案，进而很有可能造成更大的错误。例如，上述问题中，把问题归咎于员工小张，很可能是误会，因此可能会对小张造成极大的打击，甚至导致他直接离职。

（4）坦白问题时，只针对问题，而不针对人

很多主管坦白问题的时候，会强调并非自己造成的，而是员工失误造成的。例如，他们在汇报的时候会说：“我们团队的项目谈砸了，因为××员工会见客户的时候迟到了10分钟。如果他不迟到的话，就没有问题了。”这么一说，主管就将所有责任都推卸给了该员工。问题的确出在该员工身上，但是主管并非一点责任都没有。而且坦白问题的最终目的是解决问题，而不是追究问题是谁造成的。

所以，主管在坦白问题的时候，不要在背后批评任何人，要做到只针对问题，而不针对人。你的上级不会因为员工错了就不责备你，反而会认为你不能承担责任，而怪罪于你。

任何问题都是要解决的。发现问题，最好的解决方式就是把问题的危害降到最低。而对于主管而言，必要时一定要向上级坦白问题，寻求他的帮助。

Tips:

越早坦白问题，解决问题的时间和方法才越多，遭受的危害和损失将会越小。

06 和上级互相分享彼此期待达成的结果

曾任美国IBM公司CEO的郭士纳曾经说过："人们不会做你希望的，只会做你检查的。"于是很多新上任的主管就将这句话奉为真理。他们在工作中会将自己的期望设置成可以约束、可以控制的检查点。但是这一观点并非完全正确，从某种程度上来说，的确是领导重视什么就要检查什么，但是换个角度想，如果连接上级和下属的只有冰冷的制度，那么他们原先期望的共同进步、共同成长、一起实现个人和企业的双赢似乎就成了空谈，进而也很难形成上下齐心的团队。

所以说，上级和下属之间不能仅仅依靠制度来管理工作和维系关系，他们之间更需要互相分享彼此期待达成的结果。这就好比好朋友之间畅谈梦想一样，会给双方带来无穷的动力。因此，作为主管不仅要清楚地向上级传达自己的期待，也要明确地知道上级对你有哪些期待。

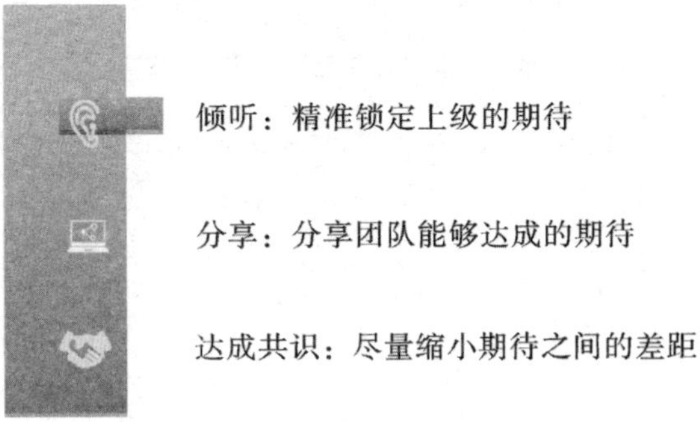

图 5-6　和上级互相分享彼此期待达成的成果

（1）认真倾听，精准锁定上级的期待

当上级分享自己的期待时，主管一定要认真倾听，精准锁定上级的期待。例如，某门店的经营理念是“顾客至上”。上级交代门店主管说：“要满足每一位客人的需求，每个月争取做到零投诉。”这里上级期待的结果就是“零投诉”。

了解上级的期待后，主管还要根据企业制定的标准和自己的理解，对上级的期望进行详细的解读，以明确自己接下来要如何做才能达成上级的期待。

（2）分享团队能够达到的期待

倾听完上级对团队的期待后，主管还要主动分享团队能够达到的期待。例如，门店主管说：“我们这个月要做到零投诉且能够完成12万元的营业额。为了达到这个期待，希望可以增加1个导购人员。”

分享团队能够达到的期待，一方面可以让上级了解团队的能力，另一方面可以向上级寻求帮助，以更快、更高效地达成团队的期待。

（3）尽量缩小期待之间的差距

上下级的期待事实上很难达成一致。一般来说，上级对下属的期待都比较高，而主管对团队的期待往往会跟自己团队整体能力相当。因此，在互相表达期待之后，还要明确双方的期待之间的差距。明确差距后，双方要进行深入沟通，想办法缩小差距，达成一致意见，明确目标。

一般来说，出现差距会有以下两种情况。

第一种情况：团队期待的结果跟上级期待的结果差距悬殊，很难通过努力实现。例如，上级期待门店本月能够完成15万元的营业额，但实际上门店只有在大型节假日活动的时候才能做出15万元的营业额，平时最多只能做出10万元左右的营业额。这时候，主管应该跟上级具体反馈团队的现状，并跟上级讨论，然后提请上级对期待做出相应调整。

第二种情况：团队期待的结果跟上级期待的结果之间的差距不是很大，可以通过努力完成。例如，门店平时每个月的营业额是10万元左右，上级提出的期待是下个月的营业额做到12万元。这种期待，可以通过努力实现。这时候，主管也要跟上级具体反馈团队现状，并清楚地表明自己需要哪些资源和帮助来达到这个期待。

互相分享彼此期待达成的结果，并寻找双方期待之间的差距，其关键在于找到一个“均衡点”，能够让双方达成共识，即“共同期待”。一旦达成共识，主管就可以从上级那里获取更多的资源和帮助，以做出更好的成绩来回馈上级。

所以作为主管，不要吝啬分享自己期待达成的结果，也不要担心自己的期待过高或者过低会遭受上级的嘲笑。任何期待都是值得肯定的。如果你的上级对你有期待，说明他希望栽培你、提拔你。而你如果能向上级分享你的期待，说明你有上进心和积极性，进而上级会以最大的能力给你更多的资源和帮助。

Tips:

分享期望是一个彼此了解、向上级寻求帮助的最好方式！

07 不要把你的上级当成“傻子”

职场中，有一些上级的管理方式是“睁一只眼、闭一只眼”，为的是给员工磨炼自己的机会。但是很多主管容易把上级的“装傻”当成“真傻”，于是在工作中“肆意妄为”，毫不顾及上级的感受。

作为一名主管要有基本的觉悟，即便你不认可你的上级，也要知道他是经过层层筛选被提拔上来的，他不一定各方面能力比你强，但他一定是最适合那个位置的。如果你把他当成“傻子”，你将会失去两点：

⊙上级的信任；

⊙更多锻炼自己和提升自己的机会。

不管是上面的哪一点，都是你职业前途的重要保障。所以，你和上级的职位关系只要存在一天，你就要真诚地信任他，努力和他建立和谐的工作关系。

（1）要信任你的上级

人与人之间的关系必须建立在一定的信任基础上。尤其是上下级之间，要想顺利开展工作，就必须彼此信任。

相信上级能够做出正确的决策和判断。只有相信上级的决策和判断是正确的，主管才能更有信心和动力去完成工作任务。

相信上级能够给你正确的指导和意见。上级工作经验比你丰富，如果你想获得帮助，那你一定要相信他能给你正确的指导和意见。

相信上级不会故意刁难你。不要认为自己不能完成的任务都是因为上级故意刁难自己，而是要相信上级这么做是为了激励你。

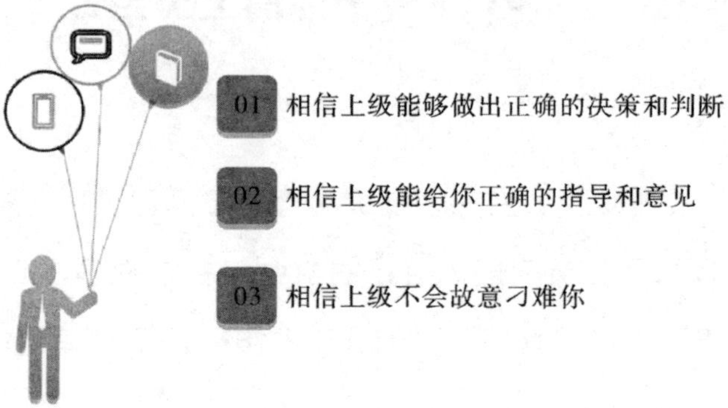

图 5-7　主管要信任自己的上级

一旦建立信任，工作中出现任何问题，主管都会及时向上级反映，不会刻意隐瞒，最终问题才能得到圆满的解决。

（2）上级是过来人，千万不要跟上级要“小心机”

很多主管把职场当成“宫斗剧”来演。在他们看来，只要会耍心机，会忽悠上级，他们就赢了。但是要知道，领导都是过来人，你的“那两把刷子”他们都见过。他们假装看不见，其实是在给你机会。

某团队编辑部有一名主管，刚上任的时候，团队任务都会保质保量地完成。但是后来，主管的热情减退了，团队的工作质量就出现了问题，很多员工的文稿都有很严重的抄袭痕迹。但是上级并没有立即指出这件事，只是在会议上简单地说：“大家工作要认真，不要追求数量不追求质量，抄袭痕迹太严重会涉及版权问题，这个后果很严重。”编辑部的主管并没有意识到上级是在提醒自己，反而跟同事吐槽说：“领导就这么一说，他哪来那么多时间一个一个检查啊。”

在接下来的一个月里，编辑部的稿件质量甚至比之前更糟糕，领导为此十分生气，对这名主管说：“上次会议中我已经提到了抄袭的事情，我想你应该意识到了这一点。我没有深究这件事，想给你一次机会，因为我觉得凭你的实力，完全可以处理好这件事。但是没想到，你并没有意识到这一点，这让我很失望。”

其实，你的一言一行都看在上级眼里。这就好比上学时期，学生的行为都看在老师眼里一样。你在下面做小动作，以为老师看不见。但实际上老师只是没有把这件事情说破。一来是不想让你在课堂上丢了面子，二来也是给你一个改正的机会。你的上级对你同样如此。所以，千万不要在上级面前耍“小心机”。

不要“小心机”还要求主管做到以下几点。

就事论事，不要有个人情绪。下属对上级多多少少会带着一些个人情绪，但是为了更好地处理工作中的问题，主管在跟上级沟通时，要尽量控制个人情绪，做到就事论事。

全面描述事情，不要有任何隐瞒。前面我们提到，上级是过来人，你的一言一行他都看在眼里。因此，主管要全面描述事情，不能有任何隐瞒。如果隐瞒的话，会因为信息缺失而导致上级无法做出准确的判断和给出针对性的解决方案。

诚实地表达自己对事情的看法。上级不仅能够看到你的行为，他们也能够感受到你的情绪变化。所以，主管对工作或者对其他事情，有自己的看法可以诚实地表达出来。

上级比你站得高、看得远，你要“打败他们”的最好方式是努力工作，增强自己的能力，爬上更高的位置，而不是把他们当成“傻子”，在他们面前要小聪明。

Tips:

故作聪明把上级当成“傻子”的人，才是真正的“傻子”。

08 适当拍马屁，迎合上级的优点

拍马屁是指刻意讨好别人、专门谄媚奉承的行为。从这个层面的解释来看，这是一个贬义词汇。人人都不喜欢拍马屁，并且看不惯那些拍马屁的人。但是在实际工作中，适当地拍马屁，迎合上级的优点反而是一件好事。

名著《西游记》中的取经团队其实就是一个工作团队，唐僧是领导，其它四人是员工。这四人中，猪八戒就是一个很会适当拍马屁、迎合上级优点的人。

猪八戒是团队中最会看眼色的人，他了解唐僧是一个善良的人，所以每次出现什么事情的时候，他都会夸师傅善良、慈悲，坚定地站在师傅这一边。正是因为这种“马屁精”的做法，让猪八戒容易得宠，在取经路上比较受师傅照顾。

所以说，适当地拍马屁并非是一件坏事。如果能让上级高兴，能让自己的工作顺利推进这就是一件好事。

适当拍马屁的关键在于“适当”二字。**所谓的“适当”，其实就相当于在朋友圈给上级默默地点个赞，而不是大张旗鼓地在评论**

区吹捧。

《拍马屁：简论奉承术》的作者马克和黛博拉·帕克夫妇在书中提出了一个重要问题：我们是否进入了拍马屁的黄金时期？黛博拉·帕克夫妇解释说，除了渴望受到赞美的总统外，美国职场奉承上级的风气炽热，这是他们在工作的大学观察到的现象，也是他们写书的灵感。黛博拉·帕克夫妇指出，目前商学院的课程，已经纳入"印象管理"内容，其中包括拍马屁的微妙艺术。有些老师希望能够把学生教成善于迎合的人，其实现在社交软件的点赞文化就是一种适当的迎合。

举个例子，上级发了一个朋友圈，拍了一张春天的美景并配文：春光正好。这个时候，你如果非常刻意地在下面评论：您的拍照技术堪比摄影大师！想必不光会让同一个朋友圈的同事觉得你是一个马屁精，还会让上级感到尴尬。但是，如果你悄悄地点个赞，既迎合了上级"晒照片"渴望得到他人关注的心理，又不会让人觉得"戏太过"。

拍马屁是一个目的性很强的行为，人们很可能因为要想达成某一目的而说一些恭维的假话。但是适当地拍马屁也是一种称赞，是对对方行为的一种肯定，能够激发对方的自豪感。所以你要掌握的不是阿谀奉承的技巧，而是悄悄给上级"点赞"的策略。

位置越高的人，越希望得到肯定。但是很多人会将处于高位置的人所做的事情视为理所当然。例如，成绩不好的学生，只要稍微认真一点就会被赞美，但是成绩非常好的学生，考到第一名会被认为是理所当然，很难得到大家的赞美。同样，员工做一些简单的事情容易被表扬，但是上级管理者很难因为做得好被下属赞扬。不可否认，得到肯定是上级管理者最渴望的事情，也是最大的前进动力。

因此，在上级做得很好的时候，主管一定要迎合上级的优点，赞美上级，如“领导的判断力真强，我都没有想到这一点”“还是领导的决策做得好，否则我们无法实现这个目标”。如果能够真诚地表达自己对上级的肯定，相信不会有任何人认为你在拍马屁。

真诚地表达对上级的肯定更多体现在，拍马屁的时候要基于事实，不要虚夸。

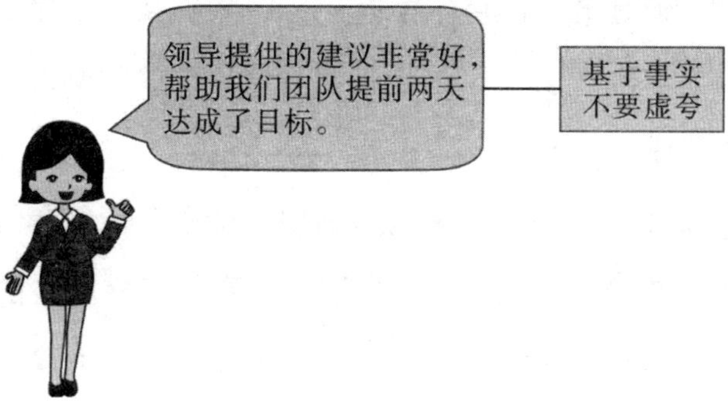

图 5-8　拍马屁的技巧

为什么人人都厌恶拍马屁这件事？因为人们在拍马屁的时候，会为了奉承对方而歪曲事实。

陈晨是某家旅行社的主管，平日里跟上级的关系还说得过去。有一次上级买了一件红色毛呢大衣，配了一双紫红色的高跟鞋，到了办公室就很开心地问大家：“怎么样，我新买的衣服，这么搭配好看吗？”大家都只是简单说了“不错”“好看”，只有陈晨很认真地回答了这个问题：“好看呢，你穿什么都好看，你皮肤好，个子高，人又瘦，什么衣服你撑不住啊。”上级听完笑着说：“我自己觉得不是很合适，所以穿来公司让大家看看，现在看来的确不怎么样。”私下同事都笑话陈晨说：“这马屁拍得太响了，连领导自己都不相信。”

陈晨的这种拍马屁方式是不提倡的，因为没有基于事实，只是为了取悦上级。陈晨可以说：“毛呢大衣颜色不错，款式很好，你穿着很合适，但是鞋子颜色搭配有点怪，或许换个黑色的鞋子会更好，更能凸显你的气质。”这种带着真诚建议的“马屁”更能帮你赢得上级的信任。

当然，如果你觉得拍上级的“马屁”就是每天赞美你的上级，那你想得就太简单了。最好的迎合方式是，了解上级的期待，能够预想上级的需要，同时积极配合上级的工作，争取做出更出色的业绩！

Tips:

拍马屁也是一种技术，作为下属你必须掌握！

第6章

自我管理：放大影响力，获得绝对追随

一个有能力管好下属的主管不一定是合格的主管，只有那些既有能力管好下属又有能力做好自我管理的主管才是合格的主管。自我管理是放大影响力、获得绝对追随的最好方式，也是主管的首要任务和做好管理工作的前提。

01 通过改变自己影响下属

哈佛大学心理学系教授戴维·麦克雷兰德说过：“**管理就是一场影响力游戏，真正优秀的主管不仅要考虑到员工个人的需求，更重要的是影响员工的想法和行为。**”要对员工产生积极影响，管理者就要从改变自己开始。

然而许多新上任的主管总想着努力让员工做出改变，希望员工能够按照自己的想法和要求来做事。为什么他们想要改变员工？

表 6-1　主管想改变员工的原因及其分析

原因	分析
对下属不信任	很多主管虽然经常呼吁员工要有自己的想法，要相信自己能够做好事情，但是他们往往会在交代任务的时候，按照自己的工作方式和想法再三嘱咐员工
觉得自己掌握了最正确的工作方式	主管认为自己无论是能力还是经验都是团队里最强的，因此想帮助团队的每一个人提升能力，并且认为员工一定会无比感激自己
缺乏包容，只看到下属的缺点	主管总是认为下属这也做不好，那也做不好。于是希望通过自己的努力，把他们改造成团队的精英

无论是出于以上三种原因中的哪一种，只要你直接要求员工做出改变，都有可能让员工产生逆反心理。每个员工的性格不一样、

能力不一样、做事方式也不一样，真正能够决定采取何种方式去完成任务的只有员工自己。如果主管将自己的“一套标准”强加在他们身上，很可能会取得相反的效果。

其实，改变员工的最好方式不是一味地不信任、指责下属为什么不能按照你的要求做出改变，而是通过改变自己影响下属、引导下属去做你希望他们做到的事情。

某酒店的市场部经常出现员工上班迟到的情况。为了让员工改掉这种坏习惯，主管制定了严格的迟到罚款制度，每迟到1分钟罚款5元。刚开始执行这个制度时，迟到的现象明显好转。但是一段时间后，大家还是像之前一样经常迟到，甚至有人每个月专门准备一笔“迟到款”放到主管面前。主管十分困惑：难道大家都不在乎这个钱？还是罚款罚得太少了？无奈之下，他只好请教自己之前的领导。

领导问他：“你自己平时几点钟到办公室？”主管想了想说：“十点左右吧。”“他们几点上班？”“八点半。”领导说：“你看，你比他们迟到了一个半小时。你试图通过罚款的方式来改变他们迟到的行为，他们一定会认为你没有人性，认为你极度自私，因为你只允许自己迟到。所以，你不妨试着从改变自己开始。如果没有特殊的事情，早上也八点半上班，甚至八点左右就到办公室。”

这名主管听取了领导的意见，每天早上八点左右就到了办公室。遇见迟到的员工并没有指责，只是简单地打招呼："早上好。"慢慢地，员工基本上也都能在八点半之前到办公室了，迟到现象得到遏止。

用制度和权力可以改变员工，但是这种改变是表面的、暂时的，甚至对员工而言，这种改变是一种压制之下的被迫行为。**真正的改变是发自内心对你的认同，是自发行为。**要获得员工的认同，就要让下属看到你的付出和改变。

因此，主管在管理员工的时候，要注意以下几点：

⊙每个员工都不一样，让他们按照自己的方式去做事；

⊙主管的想法固然是好的，但未必适合每个人；

⊙用制度和权力改变员工只能是一时之计，长久的改变需要触动员工的心；

⊙希望员工能做到的时候，扪心自问"我能做到吗"；

⊙时常在脑海中提醒自己"控制员工，就是毁灭团队"；

⊙相信你的员工能做正确的事；

⊙包容他们的小缺点。

带团队对主管来说是一种修炼。这份工作要做的不仅仅是培养员工、提升业绩，更重要的是主管要思考如何不断提升自己、增强自身的影响力。因为管理工作中，最强有力的管理武器就是主管自身的良好修养。

Tips:

真正意义上的"影响一个人"，是改变自己的行为，进而影响他做出好的改变。

02 走在队伍前面，以身作则

著作《曾国藩日记》中记载了这样一句话：“惟正己可以化人，惟尽己可以服人。”这句话的意思是，**只有端正自己才可以感化别人，只有尽到自己的责任才可以使别人服从。**

香港富商李嘉诚也曾经说过：“企业领导人的一言一行、一举一动，无不被员工看在眼里。对员工的行为施加影响，领导要求员工做到的，领导必须首先做到；领导禁止员工去做的，领导也必须首先禁止。”事实上确实如此。在实际工作中，我们不难发现这样的情况：主管做事比较拖沓，那么他的下属也会比较喜欢拖延；如果主管做事雷厉风行，那么员工做事也会干脆利落。

图6-1 主管要以身作则

对于管理者而言，要想放大自己的影响力，获得下属的认同，就要始终走在队伍的前面，以身作则。

（1）主管的行为有“权威效应”，要严格要求自己

管理者的权威是一种非强制性的影响力。

美国一位心理学家曾做过一个实验。在给各大学心理学系的学生讲课时，向学生介绍一位从外教部请来的德语老师，并介绍说这位德语老师是从德国来的著名化学家。

实验中，这位德国“化学家”拿出了一个装有蒸馏水的瓶子，跟同学们介绍说这是他发明的一种化学物质，有些气味，并要求同学们闻一下，如果闻到有气味就举手。结果，大多数同学都举起了手。其实这瓶蒸馏水是无味的，为什么大多数同学都举手示意自己闻到了味道呢？

这个实验想说明的是一个普遍的社会现象——“权威效应”。所谓的“权威效应”是指，说话的人如果比自己地位高、受人敬重、有权威，那么他所表达的内容就很容易引起人们的重视，并会使人相信其所说的就是真的。也就是我们平时所说的，“人微言轻，人重言贵”。

同样的道理，主管身份对员工来说就是一种“权威”，主管的一言一行对员工来说就是一种隐形的“制度”，他们会相信并效仿主管的行为。因此，主管在平时的工作中一定要严格要求自己，一切行为要以团队利益为主，符合团队的行为规范，并且对员工要做到信守承诺。

（2）主管也要遵守制度，没有特权

很多主管在面对员工的质疑时会说：“我是主管，我可以这么做，你不可以。”这个时候，员工会认为主管在行使特权，对主管的信任和敬重感会瞬间消失。一名优秀的主管要获得下属的追随，绝对不会使用特权。相反，他会比员工更加严格遵守制度，以自身的影响力保障制度的执行。

IBM公司的创始人托马斯·沃森有一次带着客户去参观厂房。当一行人走到厂门口时，警卫站出来拦住了他们说："对不起先生，您不能进去，我们IBM的厂区识别牌是浅蓝色的，行政大楼工作人员的识别牌是粉红色的，你们当中佩戴粉红色识别牌的人是不能进厂区的。"看到警卫人员如此不识趣，一旁的董事长助理很气愤地站出来说："这是我们公司的大老板，在陪重要的客户参观。"

但是警卫人员并没有因为这句话打开门，而是回答说："对不起，这是公司的规定，我必须按照规定办事！"这时候大家都在等待老板托马斯·沃森的反应，大家都认为这个警卫人员基本上可以"回家"了。但是，托马斯·沃森却笑着说："他说得对，大家赶紧把识别牌换一下。"于是所有人都换上了浅蓝色识别牌才进厂区。

从此之后，厂区的识别牌制度更好地保持下来，无一人违反。因为他们知道他们的大老板都必须换识别牌才能进入，更何况是他们。

对于管理员工而言，以身作则无疑是最具说服力的。试想一下，如果托马斯·沃森坚持不换识别牌就进去，会产生什么样的后果？以后员工忘记佩戴识别牌的时候，都可以说："老板都不戴，我为什么不可以？"那么工厂就可能变成游乐场，安全制度也就形同虚设。

因此，主管不要把自己当成制度之外的人，而是要把自己跟员工平等地放在同一个位置上。他们必须遵守的制度，你更要遵守。只有这样，才能起到正面的、积极的带动作用，进而确保制度有效执行。

很多时候，团队管理缺乏的不是规则，而是团队管理者以身作则的意识和行为。只有团队管理者认识到自己的“权威效应”，能够永远走在队伍的最前面，给团队员工榜样、力量、方向和方法上的引导，才能获得下属的绝对追随，从而带领整个团队朝前更好地发展。

Tips：

以身作则对员工的影响力，远远大于强迫式的改变。

03 主管不是“传声筒”，要敢于承担责任

主管作为中层管理者，要做好“上传下达”，而不是简单的“传声筒”。“上传下达”是指做好上级和下属之间沟通的桥梁，将上级安排的任务传达给下属，并把下属工作的具体情况反馈给上级，让上级掌控团队的整体运营情况，确保经营目标得以实现。在这一过程中，主管不仅要传递信息，更要承担起责任。

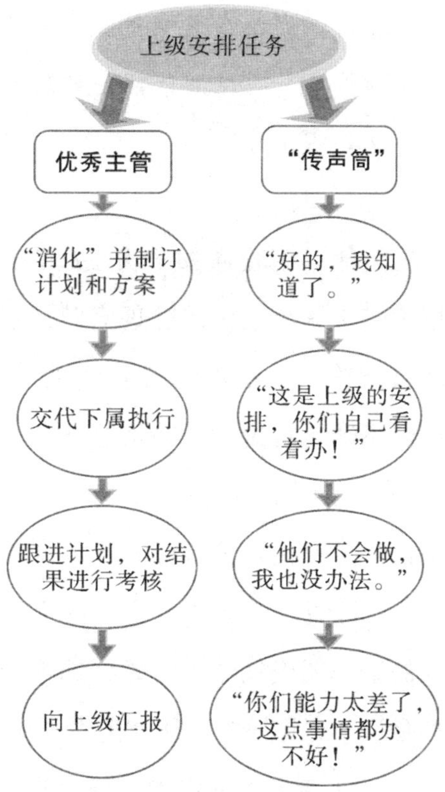

图 6-2　优秀主管跟“传声筒”的对比

（1）理解上级的话，明确他到底要你们做什么

“上传下达”，先要做好“上传”。“上传”不是简单地将上级的话原封不动地传达给下属，而是要理解上级的话，明确知道他到底要你们做什么。只有这样，你才能清楚地传递任务，下属才能理解并有效执行。

某公司要进行一次培训活动。主管通知员工说：“明天早上8:00公司有个培训会议。”大家纷纷点头表示知道了。结果第二天早上8:30的时候，该团队的人员还没有到齐。主管不得不从会议室回到办公室去“抓人”。办公室里几个人正围坐在一起吃早餐，主管大怒：“说了8:00开会，你们还在这吃早餐！有没有一点时间观念？！”没想到员工一脸茫然地问：“您只是说有培训会，没有说我们也要参加啊？”

为什么主管通知了员工8:00开会，他们却在吃早餐？其实这里面存在一个很大的管理问题，就是主管只是把自己当成了简单的“传声筒”。在接收到上级“8:00要开始培训活动”的信息后，原封不动地将这句话传达给下属。但是每个下属对这句话的理解不同，有的人认为“8:00开始，晚一点也没关系”，有的人认为“只是说8:00开始，没有说一定要参加”……

所以说，主管不能直接将上级的话传达下去，而是要先理解上级的话，明确知道上级是让你参加会议，还是让团队的所有员工参加会议。这样做，才能避免出现案例中的问题。

（2）将上级安排的任务“消化”成可以有效执行的指令

高层管理者站的位置比较高，因此，他们传达的任务也会比较抽象。例如，上级在会议上跟某部门的主管说：“这个新项目交给你们团队，我的期望是下个月能创造10万元的业绩。”而身为一名合格的主管，为了实现上级的期望，就不能将“这个新项目交给你们团队，我的期望是下个月能创造10万元的业绩”这句话直接传达给下属，而是要思考如何安排任务，达成10万元的业绩。

具体来说，就是要将“达成10万元业绩”转化成可执行、可落实的方案，然后再制订计划，指导下属去完成任务。例如，主管要对目标进行分解，还要将合适的人放在合适的位置上，这样团队才能互相协作，达成领导期望的目标。

（3）切忌说“这是领导的安排”

很多主管在传达任务的时候会说：“这是领导的安排。”在员工看来，这句话其实就是在推卸责任。

我在一次培训课上认识了一名员工。跟他聊天的时候，他就吐槽自己遇到了一个“奇葩”领导。他说，有一次他和他的同事接到主管安排的一个项目，主要负责与客户对接洽谈合作事宜。主管在安排任务的时候说：“这是上级安排的任务，你们要努力完成。”

在执行任务的过程中，他们遇到问题向主管反馈，主管的态度非常不积极，说：“这是上级的安排，我也不是很清楚，你们自己想办法克服。”最后，他们因为无法顺利解决问题而痛失了一个关键客户。事后，主管还责备了他们，认为他们辜负了上级的期望。

遇到案例中拿“上级安排的任务”作为挡箭牌推卸责任的主管，真是职场中极大的不幸。

人无论在做什么事情，都希望背后有一个强有力的后盾。在工作中，直接上级就是每个人的后盾。但如果这个“后盾”在下达指令的时候说“这是上级安排的任务，你们要努力完成”，然后以此为借口站在“任务”的外面观看，即使你遇到天大的困难他也不会伸出手拉一把，想必你也会感到“如临深渊”吧。

所以，当你成为主管，绝对不要做“这是上级安排的任务”这样的主管，你要勇于扛起责任，和下属一起去努力完成任务。只有始终把自己放在团队中，让员工认为你们是一个团队，员工才会真正把你当成领导，并真心地追随你。

无论是接收上级安排的任务还是向下属传达任务，主管都要知道：**从接收任务的那一刻开始，就意味着你要对上级和下属、对整件事情负责**。只有主管担起了这个责任，上级才能更加信任你，员工才会更加服从你的安排，进而高效地完成任务。

Tips:

员工听懂并执行了你交代的任务，才能说明你有效传达了上级的指令。

04 不要让下属为你的坏情绪买单

心理学中有个著名的“踢猫效应”，是指对弱于自己或者等级低于自己的对象发泄不满情绪，而产生的连锁反应。

该效应源自一个小故事：

> 一个父亲在公司受到了老板的批评，回到家就把在沙发上跳来跳去的孩子骂了一顿。孩子心里非常生气，于是狠狠踹了旁边的猫一脚。猫跑到大街上，正好一辆卡车开过来，卡车赶紧避让，却把路边的孩子撞伤了。

“踢猫效应”展现的是一种典型的坏情绪传染链。如果主管将自己的坏情绪传递给员工，员工就会成为“踢猫队伍”中的一员，他们会向下继续传递这种负面情绪。他们很可能会“欺负”比自己能力弱的其他员工以发泄情绪，也可能是直接在工作中发泄情绪。无论哪种方式，都会影响团队的工作效率。

> 余向阳是公司出了名的脾气不好的一个主管，团队员工对他的评价是“每天都跟别人欠他几百万元一样”。
>
> 有一天早上，余向阳刚进办公室，看到自己位置旁边

的垃圾桶正对着自己，大发雷霆说："垃圾桶不能摆在角落里吗？你们看不见吗？垃圾桶正对着我，一大早的，真是扫兴！"说完之后，一脚把垃圾桶踢到了角落。

办公室的空气瞬间凝固住了，没有人敢说话。没一会儿就听见余向阳在打电话，大声地说："他这次考试怎么考得这么差？！这样下去，高中考不考得上都是个问题，真是太让人头疼了。"听到余向阳这么说之后，大家终于明白"垃圾桶没放对位置"的原因。

私下里，员工会聊天吐槽余向阳"自己家的事情搬到公司真的不合适""太影响心情了，一大早就莫名其妙地骂人""本来工作就很辛苦了，还要受他这些气更累了""他儿子要是不赶紧中考，我都想离职了，受不了这个脾气"……很显然，余向阳的坏情绪已经对团队产生了极不好的影响，团队氛围很消极。这种团队氛围，不仅会严重影响员工的工作效率，也会严重影响员工对领导的态度。

网络上曾流行这样一句话："大多数时候，消耗你能量的不是工作，而是工作中遇到的各种各样的人，干活本身是不累的，平衡情绪最累。"这句话不断被转发、点赞，因为它道出了很多职场人的心声。如果这个坏情绪来源于他的主管，在"权威效应"的影响下，甚至有可能被放大数倍。所以，当你坐上主管的位置后，就必须学会掌控自己的情绪，不要把坏情绪带到工作中，更不能让下属为你的坏情绪买单。

那么主管应该如何控制自己的情绪?

（1）随时观察情绪的变化

要控制情绪，首先必须认识到自己的情绪，即要求主管要观察自己的情绪变化。一般情况下，坏情绪的产出都会伴随一些身体反应，如身体颤抖、面红耳赤、胸口发闷等。如果有这些身体反应，就意味着你的情绪产生了很大的变化，这个时候就要学会控制。

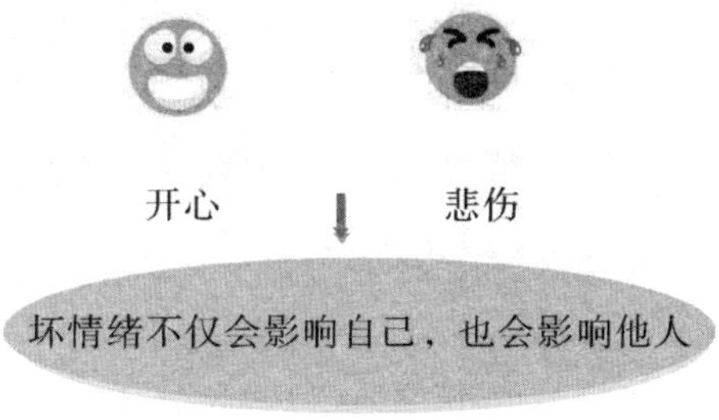

图 6-3　情绪的影响

（2）采取有效的方式缓解情绪

人在有负面情绪的时候，很容易做出一些损人不利己的事情。为此，主管在感知到自己的情绪变化后，还要积极采取有效的方式，缓解情绪。

提醒自己，放下坏情绪。当你通过观察发现自己的情绪正在变坏时，要提醒自己放下坏情绪，不能因为自己的坏情绪影响团队的其他人。

换位思考，理解他人的感受。前面案例中的主管余向阳之所以发脾气，是因为他没有进行换位思考，没有理解他人的感受。如果他能站在员工的角度想想，自己遇到一位动不动就发火的领导会是怎么样的感受，或许他就会控制自己的坏情绪。

现在的痛苦，过段时间看看就不是什么事儿了。人的坏情绪往往是因为过于关注当下的困难产生的，如果能够看得更远一点，你会发现其实没什么大事。

要有乐观的心态。面对任何事情，都要有积极的一面。这种积极的心态将会感染你的团队，给团队带去更多的正能量。

（3）以合适的方式表达坏情绪

不要让下属为你的坏情绪买单，并不是意味着你要隐藏自己的坏情绪。情绪只有表达出来了，人才能更好地工作和生活。因此，当你有坏情绪时，要找到合适的方式表达出来。一般来说，表达坏情绪可以参考以下方法：

深呼吸。这是最简单的方法，也是比较实用的方法。当你感到特别生气的时候，首先认真做三个深呼吸，这时候你的身体、情绪都会慢慢平静下来。

运动。一场酣畅淋漓的运动，能够帮助你发泄坏情绪。例如，跑步、游泳或者打球，都是不错的选择。

旅行。如果条件允许，在坏情绪非常严重的时候，不妨选择一场旅行。见识更多的新事物，可以帮助你更好地将坏情绪表达出来。

唱歌。用歌声表达坏情绪，也是一个不错的选择。

倾诉。倾诉是释放情绪的好方式，倾诉对象可以是知心好友，也可以是陌生人，再或者是网络平台的“秘密日志”……如果你有属于自己的倾诉“树洞”，那就是最好的了。无论你选择哪种倾诉方式，都要确保它能够让你放心、放松，不会因为倾诉而给自己带来什么麻烦。

有一些主管对管理坏情绪不以为然，他们认为人都是有情绪的，对下属发脾气是一件很正常的事情。这些管理者往往低估了坏情绪的影响力。坏情绪就像一颗颗毒瘤一样，它们会慢慢长大。主管的脾气会越来越大，员工会越来越不服从你的管理，最终会导致整个团队陷入一片混乱。

所以说，无论是小孩成绩没考好，还是跟爱人吵架导致自己心情不好，只要你进到办公室，那一刻你的身份就是团队的主管，你要为员工负责，要为公司负责。这时候就必须放下自己的其他身份，理性处理工作中的事情。

Tips：

坏情绪会不断“生长”，最终你的员工会因为买不起单而离职。

05 不要求全责备，要适度包容下属

《文子·上义》中说：“自古及今，未有能全其行者也，故君子不责备于人。”这句话的意思是，从古至今，历史上没有一个人是十全十美、德行无可挑剔的，所以君子不能求全责备于任何一个人。此外，古人在用人的时候也有这样一个原则：故人有厚德，无问其小节；人有大善，无疵其小故。意思是：人有大德，就不要计较其他的小细节；人有大善，就不要挑剔他的小过失。这个原则在现代的团队管理中同样适用，用现代的话来说就是：**不要求全责备，要适度包容下属。**

某旅行社计调部来了一名新员工。当时正值旅游旺季，团队的人手不够，该员工上班的第一天主管就交给他一项很烦琐的任务。该任务涉及团队机票、旅游产品的单价核算等，但是该员工对这些一无所知，于是主管只能抽空跟员工简单说一下最基本的知识和技能，然后让他自己独立操作。

第二天，主管发现平台上的产品价格不太对，就把新员工找过来，责备他怎么会出现这样低级的错误。这名员工很委屈地说：“我之前没有做过类似的工作，你只是非

常简单地说了一下价格，我并不清楚具体应该怎么算。”主管很不开心地说：“昨天问你懂了没有，你不是说懂了吗？而且这个事情很简单，一看就会，你还是本专业的，怎么就做不好呢？”

该员工更委屈地说：“我当时也跟你确认了，你不是说我核算的是对的吗？而且今天是我来公司的第二天，没有经过正规的培训你就直接拉我上岗……”

主管有些不耐烦地说：“算了吧，先这样，不要总把自己当成新来的员工，我这边缺人手，你要赶紧学习。”

该名员工的学习能力很好，不到半个月的时间就把基本的系统操作和旅游产品的价格核算全都掌握了，并且能独立操作任务。主管为此十分高兴，于是跟该员工谈转正的事情。但让主管没有想到的是，该员工直接说要离职。主管很不解，公司待遇其实并不差，该员工为什么要离职？该员工给出的理由是：“我上班的第二天，你就按照老员工的标准来要求我。我能理解你工作任务多，很着急，但是我真的觉得你这样求全责备有些不合适。我并不是因为自己要离职才这么说，我只是想表达自己的想法。”主管听完之后沉默了一会儿说：“我有时确实太苛刻了，如果可以，我还是希望你能留下来，我很欣赏你。”

案例中的主管也许是为了更快提升员工的能力，但是对于一名没有经过任何培训就上岗的新员工来说，用老员工的标准要求他显然属于求全责备。在这种高压下，即便员工获得了更快的成长，他们也未必会感激你，反而会觉得你在打压他，进而会对工作丧失积极性。因此，主管不要求全责备，要适当地包容员工，给他们更多的成长空间。

理解他们的行为。

包容不是一味地纵容，包容的前提是要理解员工的行为，知道他们不是故意为之。

例如，当员工因为生病没有按时完成任务的时候，主管就要换位思考“如果我生病的话，一定精神状态不好。在这种情况下，我基本无法思考，很难完成工作”“我要是生病，我肯定做得没有他好”。当主管对他们的行为理解之后，可以对员工说“你很棒，我理解你”“如果是我的话，还没有你做得好”等。

图 6-4　站在员工的角度考虑问题

当管理者能够站在员工的角度去想问题的时候，自然就能容忍别人和自己不同的地方，容忍别人的缺点和失误，并且会帮助对方改正缺点、弥补失误，进而让对方更加认同自己。

明确哪些行为可以包容，哪些行为不能包容。

适度包容的言外之意是，不是所有行为都可以包容。因此，包容下属要求主管要明确衡量员工的行为，清楚地知道哪些行为是可以包容的，哪些行为是不可以包容的。

一般来说，不影响团队发展、不造成团队利益损失、不触及法律等小问题都是可以包容的，例如，上班迟到、晚两天完成任务等。而影响团队发展、给团队造成巨大的损失、触及法律等大问题，是不能包容的。

采取合适的方式包容。

包容不等于偏袒。因此，包容下属的时候，一定要采取合适的方式，让下属明确地知道，包容他是在给他一次成长的机会，而不是给他下次继续犯错的机会。

例如，在员工未能按时完成任务的时候可以说：“我知道你最近状态不是很好，我可以宽限两天时间。但是希望你好好调整自己的状态，确保下次按时完成任务。”

在管理工作中，比起批评和惩罚，适度的包容更能激发员工的动力和积极性，主管也更能因此获得员工的青睐。因此，不要用高标准去要求你的员工，而是要适度包容，给他们更多的成长机会。

Tips:

适度包容是为了给员工成长的机会，不是给他们下次再犯错误的机会，因此一定要把握好包容的“火候”。

06 品德比荣誉更重要

合格的团队主管首先应是一个具有优秀品德的人。

古代选拔人才的标准是“德才兼备”，现代也是如此，并且“德”在“才”的前面。但是，品德很容易被主管们忽视，他们更关注的是荣誉。他们认为只有获得了“至高无上”的荣誉，才能获得员工绝对的追随。**实际上，比起荣誉，员工更看重的是你的品德。**

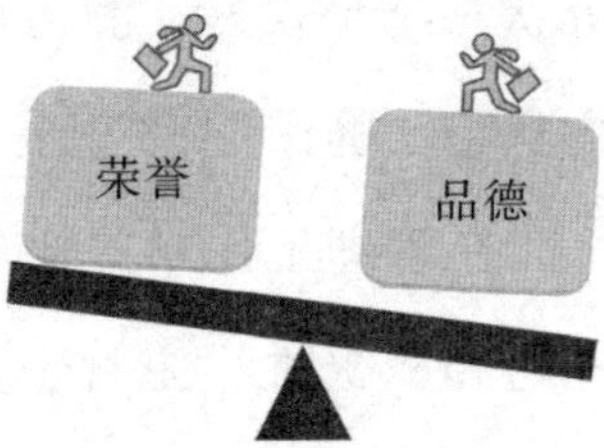

图 6-5　品德重于荣誉

我曾在一次学术交流会上，听过一个著名团队管理者的演说。他获得过很多管理类的奖项，演说课程无论是在线上还是线下销售量都非常好。当时听完他的演讲，我忍不住拍手叫好。这时候坐在我旁边的一个人小声嘀咕：“这个人真是台上一套，台下一套。”我看了他一眼，笑着问：“你们认识啊？”他撇了撇嘴说：“何止认识，之前在同一个办公大楼上班。”于是他就开始娓娓道来关于这位著名演说家的故事。

有一次这位演说家开车上班，不知什么原因跟门卫吵了起来。门卫说：“我没有办法，我只是在按制度办事。”没想到他破口大骂：“你就是一个看门的，你有什么资格管我？！你知道我是谁吗？”这件事情传开后，身边的人都不喜欢他。他的下属后来也知道了这件事。除了这件事情外，他平时对下属也是如此，无论是大事还是小事都会破口大骂，经常把他们说得一无是处。后来，团队员工都纷纷离他而去。

一个对陌生人和下属如此不尊重的人，必然容易失掉人心，所以他眼下的荣誉恐怕也只是一时的。外在耀眼的荣誉只能说明你能力很强，这一点只能获得下属的暂时追随。而要获得下属绝对的追随，仅有荣誉远远不够。

美国心理学家R·阿勒斯曾说：“如果你表现出优良的品质来，其他人就愿意与你合作。”据此，R·阿勒斯提出了阿勒斯法则：一个人让人信赖的原因主要是他具备优良的品质，而与能力关系不是很大。所以说，作为主管最基本的行为准则是：要有高尚的品德。

作为优秀的主管，一定要具备以下几种高尚的品德：

⊙对员工要真诚，对公司要忠诚；

⊙作风要正派，对待工作要求真、务实；

⊙具有理智的情感；

⊙具有谦让容人的气度；

⊙具有公正用权的意识；

⊙诚实、守信；

⊙有责任感和使命感。

很多主管虽然知道作为主管应该具备哪些品德，但是他们并不知道如何保持和提升品德修养，因此依然无法获得下属的绝对追随。所以说，主管还要懂得如何保持和不断提升自己的品德修养。

第一点：重学。即要懂得通过学习，提升自己的修养，进而提升自己对“品德”这一概念的深入认识。这是保持、提升品德修养的首要途径。在学习的过程中，主管可以为自己制定一个品德标准，并在今后的工作中用该标准衡量自己的行为。

第二点：实践。即要将自己所学的品德知识，在工作中实践。例如，在工作中注意自己的一言一行、不轻易对员工动怒、信守承诺等。

第三点：感悟。通过实践，感受自己的改变以及员工的变化。一旦你发现自己的改变给团队员工带来了积极影响，你便会更专注于个人品德的修养。

第四点：内省。内省是保持高尚品德的重要途径。内省也称为自我反思。主管可以根据自己制定的品德标准衡量自己的行为，反思自己为什么做到了，更要反思自己为什么没有做到，进而做出更好的调整，以不断提升自己的品德修养。

品德修养越高的主管，正面影响力越强。他们既会关注团队的整体利益，也会考虑员工的个人需求。很显然，这样的主管才能获得员工的绝对追随。

《哈佛管理培训教程》上有这样一句话：成功管理者特有的素质是“超人的高尚品德+T形知识结构+破坏今天的勇气”。对于团队主管而言，对职业素养的要求是多方面的，而品德方面的素质是首要的。

从某种程度上来说，一个主管素质的高低，很大程度上决定了他能不能获得团队员工的信赖和敬重。团队中，如果主管品德不高，团队就会产生各种各样的“团队疾病”，它们会像病毒一样快速扩散，进而会严重影响企业的发展。所以说，无论是从主管的个人角度还是从团队的发展出发，品德都比荣誉更重要。

Tips:

品德是一个人的灵魂，是无法伪造的，决定了你未来能走多远。

07 对员工不要傲慢，对知识不要偏见

权力越大越容易滋生傲慢。有权力的人，往往会有地位上的优越感，很容易摆出高高在上的姿态，认为任何人都低他一等，必须服从他的安排；而知识积累越多的人，很容易看到别人的缺点和不足，对知识产生的偏见也会越来越多。一旦主管对员工产生傲慢，对知识产生偏见，他们将很快失去下属的信任和追随。

（1）对员工的傲慢，是在推开员工

有些主管，永远无法听见别人的建议和意见。面对员工的想法，他们的说辞是“我是管理者，我说了算”“我有这个权力”“你没有资格说我”。这就是典型的对员工的傲慢。一旦主管有这样的行为，员工就不会主动表达自己的想法和意见，会对主管敬而远之。严重的情况下，这样做甚至会导致员工纷纷离职，因为没有人能够在这种傲慢的管理氛围下开心地工作。

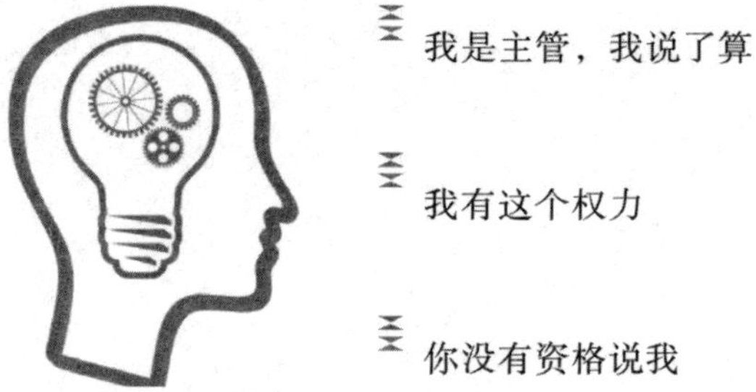

图 6-6　主管对员工的傲慢

之前认识一个朋友，在一家很有名的公司担任高管，收入相当丰厚，身边的人都很羡慕他。但是他干了一年就辞职了。后来有一次遇见他，他告诉我说：“辞职的根本原因就是上司动不动就骂人，教训下属跟教训自己的孩子一样，什么难听的话都说。只要大家有一些不同的意见，他就拿自己的身份压人。我可不愿意当他的小孩，被骂得一点尊严都没有。我把他当我的领导，但是他并没有把我当成下属，我更像‘奴隶’。”后来，他应聘到一家文化传媒公司做起了一个部门的小主管，上司待人非常诚恳，不会摆架子，虽然收入比之前低，但是他做得非常开心。

大多数人都无法忍受管理者的傲慢。我自己也遇到过这样的情况，因此对这件事我感触非常深。

之前在一家公司上班，有一天早上，我到领导的办公室汇报工作。当时他正坐在办公桌前喝着咖啡、刷手机。我站着讲了十来分钟，他都没有抬头看我一眼。我说：“汇报完了，请领导指点一下。”他才“嗯”了两声，说这样可以了，然后让我回去继续工作。我当时感觉很委屈，觉得领导并没有听我说，但是没有办法，我只能拿“他是领导”这句话来安慰自己。

其实无论是朋友的领导还是我曾经遇到的领导，我们都无法否认他们的能力，但也不得不承认他们被权力“腐蚀”了，变得傲慢了。为了避免出现这种情况，新上任的主管要注意以下几点：

⊙合理使用正式性权力；

⊙有权力不表示你高人一等；

⊙权力是为了方便你进行工作管理，不是为他人制造不快；

⊙事事为员工着想，避免滋生傲慢；

⊙慎用强制性权力，多用非正式性权力，如个人影响力。

（2）学习无止境、知识无边界，对知识抱有偏见等于拒绝成长

图 6-7　主管对知识的偏见

能坐上管理者的位置，意味着有一定的知识积累。在实际管理工作中，很多主管会因为自己积累的知识而质疑员工，如“据我了解，你这样不对”“我没有了解过这方面的知识，你有根据吗”。这种质疑其实就是一种对知识的偏见。主管认为只有自己知道的才是真正的“知识”，而员工知道的可能是“歪理”。这样想不仅会影响管理工作，还会导致主管因为无法获取全面的知识而变得越来越愚昧。

对于“知识”这一概念，主管要知道的还有：

⊙知识是没有边界、学习是没有止境的，你不可能什么都知道；

⊙你不知道的知识，不代表就是谬论，不要因为这个反驳你的员工；

⊙对知识最好的态度是接纳，当然不是员工说什么就是什么，可以跟他一起讨论；

⊙没有一个人敢说自己的知识已经饱和了，所以主管要想更好地管理团队，就要保持不断地学习。

人们很多时候不能看清一个人，正是因为自己戴着有色眼镜，对他人有一定的偏见。对待知识也是如此。一旦我们认为自己看到的才是真实的世界，我们就无法获得成长，进而无法看到完整的世界。换句话说，对知识存在偏见，从某称程度上来说是一种缺失。而作为主管，应该掌握尽可能多的知识。

权力和知识，是作为一个管理者必备的管理武器。但若因为拥有权力而滋生出来傲慢、因为拥有知识而对知识抱有偏见，等于管理者在用自己的武器伤害自己，同时也会伤害你的员工。所以，合理、正确行使正式性权力，用一颗包容的心接纳知识、学习知识，便是一个优秀管理者必须做到的行事准则。

Tips:

傲慢和偏见，是“致命”的武器！

08 不要喊空口号，说到就要做到

如何推进团队和企业不断发展？让喊空口号的管理者少一些，让说到做到的管理者更多一些。

在实际管理工作中，不少主管喜欢喊口号，如“我一定要带领团队实现业绩翻倍”“我们团队的能力是最强的，一定能创造高绩效”“只要你们努力工作，就给你们涨工资”。这些人，往往把最大的精力放在喊口号上，很少会付出实际行动。

“千里之行，始于足下”，说的要去做，不能只放在嘴上。对于团队管理者而言，必须做到“言必行，行必果”。否则在你的员工看来，你只是一个说大话的人，没有什么真本事。

说到做到其实就是兑现承诺，这也是一个主管品德和素质的良好表现。

一直以来，管理者都在告诫员工一定要说到做到，只有这样才能提高团队的执行力，确保任务顺利完成。其实，从管理团队的角度来看，践行说到做到的首先应该是团队的管理者。

东汉末年，天下大乱，豪杰们都开始逐鹿中原。袁术是世家子弟，仗着祖辈的余荫坐镇一方，也想乘机有一番作为。这时候“江东杰俊”孙策屈身侍奉袁术，袁术为了激励孙策为自己卖命，许诺他说："只要你能够攻下九江，就让你任九江太守。"于是孙策充满了战斗力，攻下了九江。但是孙策攻下九江后，袁术却任陈纪为九江太守，孙策为此感到十分生气和委屈。

过了一段时间，袁术又让孙策去打庐江，并许诺他说："现在你去攻打庐江，只要你胜利了，我就任命你为庐江太守。"虽然之前袁术欺骗了自己，但孙策还是燃起了一丝希望，愿意再相信他一次。孙策最终攻下了庐江，但是袁术却只字不提加封的事情，把庐江太守的位置给了自己的老部下刘勋。这一次，孙策对袁术彻底失望了。

事后，孙策借袁术征讨江东的时机，要求他派兵。袁术相信了孙策，认为即使自己不加封他，他也为自己如此卖命，一定会绝对地追随自己。袁术万万没想到，孙策率领他的旧部重臣往江东挺进，不断开疆拓土，脱离袁术，最终占据了江东。袁术因为自己的不守承诺失去了将才孙策，手下一时没有其他能人，最终只能走向灭亡。

喊空口号就像《狼来了》的故事一样。一开始，你欺骗大家说"狼来了"，大家会相信你，会去救你。但是当他们发现一次、两次都是假的，等到第三次狼真的来了的时候，就不要怪他们不去救你了。对于主管而言也是如此，当你只会喊空口号，没有说到做到的时候，就不能怪罪你的员工没有绝对地追随你。

说到做到要求主管对自己要有严格的要求。

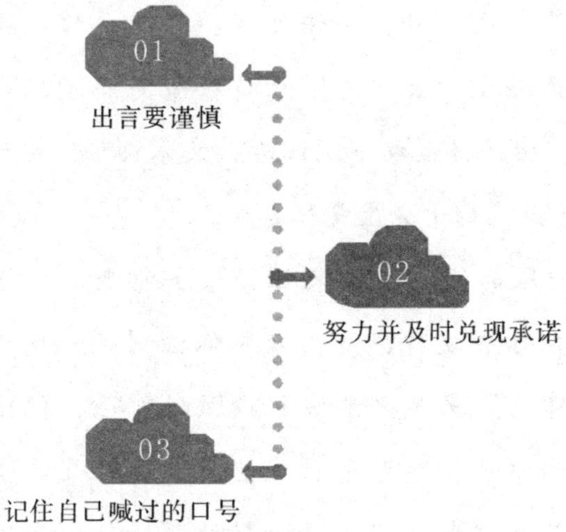

图 6-8　说到做到的要求

出言要谨慎。喊口号之前先问问自己“这个口号是否能做到”，如果太空、做不到，就不要喊。

努力并及时兑现承诺。当你对团队做出承诺后，要努力并及时去兑现这个承诺。兑现承诺的时候，要按照之前承诺的标准执行，不能“打折扣”，例如，承诺500元奖金，就不能只给200元。如果因为某些原因实在无法兑现承诺，也要向员工说明情况，或者以其他方式来履行承诺。总之不能当作什么事情都没有发生过。

记住自己喊过的口号。很多主管日理万机，每天要处理很多事情，很容易忘记自己喊过的口号，但是你的员工不会忘记，他们等着你做到。因此，为了避免遗忘，主管要将口号记录下来，并且要隔一段时间翻看、更新一下，做到自己承诺过的事心中有数。

美国作家阿兰·道伊奇曼在其著作《说到做到：如何成为真正的商界领袖》中揭示了那些领袖的不平凡的品格。他指出，他们都在“行其所言，说到做到”，更难能可贵的是，即使在危急的时刻，他们还依然如故地言行一致。这种行为胜于任何雄辩，为他们获得不可动摇的声誉。所以说，作为团队的主管，说到做到、信守承诺是必备的品德，也是放大影响力、获得绝对追随的上佳方式。

团队主管能否做到说到做到，不仅关系到主管在团队中的威望和声誉，也关系到整个企业的形象。因此，不要喊空口号，这些空头支票只会毁灭你。

Tips：

空喊口号不执行等于欺骗，欺骗行为将使你丧失员工对你所有的信任！

推荐阅读

解密华为狼性团队的锻造法则！

书名：华为团队管理法
作者：千海
书号：978-7-5454-5907-4
定价：45 元
出版日期：2018 年 1 月
出版社：广东经济出版社

洞悉惊人效率背后的魔鬼工作法！

书名：华为高效工作法
作者：冯南石
书号：978-7-5454-5755-1
定价：45 元
出版日期：2017 年 11 月
出版社：广东经济出版社

揭秘华为绩效管理的丛林法则！

书名：华为绩效管理法
作者：汪廷云
书号：978-7-5454-5756-8
定价：42 元
出版日期：2017 年 11 月
出版社：广东经济出版社

让绩效管理回归简单！

书名：极简绩效管理法
作者：李彬
书号：978-7-5454-6604-1
定价：45 元
出版日期：2019 年 5 月
出版社：广东经济出版社